· 李营 主编

高会 编

山东大学出版社

图书在版编目（CIP）数据

麻辣科学."肮脏"的科学/李营主编；高会编.
—济南：山东大学出版社，2013.9
ISBN 978-7-5607-4881-8

Ⅰ.①麻… Ⅱ.①李… ②高… Ⅲ.①科学知识—普及读物 Ⅳ.①Z228

中国版本图书馆CIP数据核字（2013）第210470号

策划编辑：马银川
责任编辑：马银川
整体设计：张 荔

出版发行：山东大学出版社
社址：山东省济南市山大南路20号
邮编：250100
电话：市场部（0531）88364466
经销：山东省新华书店
印刷：山东华鑫天成印刷有限公司
规格：890毫米×1000毫米 1/16 9.5印张 143千字
版次：2013年9月第1版
印次：2013年9月第1次印刷
定价：30.00元

写在前面的话

在垃圾堆中蠕动的蛆、不讲卫生的苍蝇、专吃腐烂尸体的秃鹫、滚粪球的蜣螂、生活在屁股里面的蛲虫……看到这些动物，你会想到什么？没错，肮脏！但是，这世界上所有的东西都有它们存在的理由，这就是这些招人厌恶的动物的真实生活方式，而且它们身上还蕴藏着许多科学知识，有的还是人类的好朋友。

眼角边黄黄的眼屎、臭臭的大便、臭不可闻的脚丫子、脓液一样的鼻涕…… 看到这些字眼，你会想到什么？没错，恶心！但是，这些东西我们每个人身上都有，而且有时还对我们的健康非常有益。

键盘、电话、门把手、饮水机、地毯、钞票、冰箱、抹布……看到这些东西，你一定觉得奇怪，这些不是“肮脏”的东西啊？它们在日常生活中经常会用到，有些还被当做清洁用品。但是，你可能不知道，如果使用时不注意，这些东西上的细菌数量是很惊人的！

争名夺利、抄袭剽窃、弄虚作假、妒忌别人、招摇撞骗、夸大其词……看到这些行为，你一定觉得很龌龊！但这些不光彩的事情就发生在神圣的科学殿堂里，而且有些还发生在著名科学家身上，真是令人大跌眼镜。

本书就是要给广大青少年朋友讲一讲这些动物界的脏东西、人体的恶心事儿、你身边的“假干净”以及科学界的丑闻。读过本书，你就会明白，原来世界上根本就不存在绝对“脏”或干净的东西，那些所谓的“脏”或干净的东西里，其实隐藏着很多神奇的科学知识，某些恶心事的发生也有一定的科学道理，有时大科学家也会有不光彩的一面。我们在生活中要从科学的角度，透过现象看事物的本质。

为了增加知识的趣味性，提高青少年读者的阅读兴趣，本书特意塑造了两个角色——小龙崎和龙叔叔。小龙崎是一个活泼开朗的学生，酷爱科学，对世界上的一切事物都充满着好奇和兴趣，平时总喜欢缠着龙叔叔问个“为什么”。龙叔叔是一位科学院的博士，他知识渊博，对世界科学史了如指掌，因此总被小龙崎“纠缠”。但不管小龙崎如何“刁难”，他都能对答如流。通过小龙崎与龙叔叔的一问一答，本书深入浅出地将科学知识生活化、趣味化。你还等什么呢？赶快跟随小龙崎和龙叔叔开始一段精彩有趣的科学之旅吧！

另外，鉴于编者水平有限，书中难免存在粗疏错漏之处，敬请方家不吝赐教。本书在编写过程中，尤其是在解释科学现象或说明科学原理部分，参考了部分专家学者的观点和著作，在此一并深致谢忱！

编 者

2013年5月

目录

一、动物界的“脏东西”

二、人体的“恶心”事儿

麻辣科学——“肮脏”的科学

三、你身边的“假干净”

四、科学界的“丑闻”

一、动物界的“脏东西”

1 在垃圾堆中蠕动的蛆

星期天，小龙崎和叔叔龙博士在家里大扫除。打扫完毕，龙博士让小龙崎把垃圾袋扔到垃圾堆上去。小龙崎提着重重的两大袋子垃圾，穿过长长的马路，走到那散发着阵阵恶臭的垃圾堆前，然后把手上的垃圾扔掉。回到家，他就开始抱怨：“哎哟，累死我了！龙叔叔，在垃圾堆中，我还看到很多白白胖胖、会蠕动的蛆，真恶心！”

龙叔叔放下手中的抹布，说：“蛆似乎在大自然中无处不在，不管是在死去的老鼠身上，还是在变质发臭的食物里，就连那些让人作呕的垃圾堆里，都能看到它们蠕动的身躯。”

小龙崎又问：“这些讨厌的蛆到底是从哪里来的呢？”

蛆就是苍蝇的幼虫。每当苍蝇在腐肉上或者变了质的食物上享用完了“餐点”以后，就会在这些食物上产卵。不久之后，这些卵就会孵化，变成白白胖胖的蛆。在很久之前，一个英国的科学家为了证明蛆是苍蝇的幼虫，曾经做过这么一个实验：他首先将一块新鲜的生牛肉分成相等的两部分，然后把它们分别装入两个罐头瓶中，并且一起放入灭菌锅内消毒灭菌，然后把它们一起放到苍蝇经常出没的地方。不过，其中一个罐头瓶盖紧了瓶盖，而另外一个则是打开瓶盖的。过了一段时间以后，他发现紧盖瓶盖的这块生牛肉没有生蛆，而另一块打开瓶盖并遭受苍蝇侵袭的生牛肉则布满了白色的蛆。

既然蛆是苍蝇的幼虫，食物长时间暴露在空气中是会变质的，难道苍蝇天生就“喜欢”这样变味的食物？其实不是。这是因为苍蝇没有嗅觉器官，食性很杂，凡是能够填饱肚子的有机物，它们都喜欢。于是，我们就可以经常看见苍蝇成群结队地出没在垃圾堆中，把那些人类认为很脏的地方当成自己的家园。如此一来，它的卵也会产在这些地方。而作为苍蝇的幼虫，蛆就没有任何选择权了，只能在那里出生和成长。由于它们的成长需要摄取大量的食物，而周围似乎除了动物粪便、腐肉、垃圾和污水等东西外，就没有别的了，因此，蛆从小就没有任何挑食的习惯，只能以此为食了。

听到这里，小龙崎很意外，问道："这些蛆整天生活在如此脏乱的环境里，吃的也是腐肉、粪便一类的食物，那它们怎么不会生病呢？"

龙叔叔说："蛆和苍蝇一样，它们体内的淋巴腺能够分泌出一种叫'抗菌肽'的蛋白质。在很早以前，日本科学家就曾经对这种抗菌肽进行过研究。他们惊讶地发现，这种抗菌肽的杀菌能力极强，能够杀死包括伤寒、霍乱、痢疾、脑炎和肠炎等在内的众多自然界的病菌。而且，这种抗菌肽很容易溶解在水中，并且只针对细菌、病原体和病变的细胞，对人体并没有害处，甚至还能有效地杀死人体内的寄生虫，可以说是一种最为有效的杀菌药物。而蛆由于体内可以自行合成这种几乎是'万能'的药物，因此，即使它吃得再脏再差也不会生病的。"

不可不知的事

自然界的清洁工——蛆

其实，这些恶心的蛆还有另外一个十分别致的称呼——“自然界的清洁工”。我们都知道，生老病死是大自然的循环规律，也是每种生物不可逃避的命运。如此一来，一个十分严重的问题就出现了：世界上有如此多的生物，每天生物死亡的尸体不都堆积如山了吗？不仅如此，所有生物每天还要进行新陈代谢，排泄粪便，我们人类每天也都会产生无数生活垃圾……这样一来，地球的空间岂不是越来越小了？当然，这只是一种没有蛆的假设。因为蛆在成蛹之前没有任何的排泄功能，只吃不拉，所以很多垃圾都会被它无偿地分解。只要地球上有蛆存在，我们人类就可以放心地生活，当然，所有的食物链也就不会被打破了。而“自然界的清洁工”这一称呼对蛆来说，的确是名副其实的。

2 让人恶心的鼻涕虫

在一个雨后的傍晚，小龙崎和叔叔龙博士来到离家不远的一片树林中乘凉。忽然，小龙崎指着树上的一个东西叫道："看，那里有一只蜗牛！"

龙叔叔走过来仔细看了看，说："这不是蜗牛，蜗牛怎么会没有壳呢？这是鼻涕虫。"

小龙崎说："看起来真让人觉得恶心！不过，它为什么叫鼻涕虫呢？"

龙叔叔回答道："鼻涕虫之所以有这样的称呼，就是因为它一天到晚浑身沾满'鼻涕'到处爬行。要是这个满身'鼻涕'的家伙爬到了你的身上，那就太恶心了：它走过的地方，一定会留下一条白色的'鼻涕'印。"

小龙崎害怕地往旁边躲了一下，又问："龙叔叔，鼻涕虫还有哪些特点？"

鼻涕虫有两对长长的触角，它的身体看上去很臃肿，呈不规则的圆柱形，像是一个拖着大肚子的肉球。它的身体经常分泌出一种黏液，在地上爬行的时候，身体后面会留下一条银白色的痕迹。不过，我们很少看见鼻涕虫现场"流鼻涕"，因为它是一个"夜行者"。每当白天到来的时候，鼻涕虫就会找个没人打扰的地方安静地睡觉，等到了夜晚或者阴雨天到来时，它再出来活动。

它除了有一个会"流鼻涕"的特点之外，还有一个特别能挨饿的"专长"。据生物学家统计，一只普通的鼻涕虫可以坚持130多天不吃不喝。这样能挨饿的动物，也许世界上再也找不到第二只了。虽然可以忍受饥饿，但是鼻涕虫可不会让自己受罪。它们总是偷偷地吃植物的嫩叶、嫩芽，因此成了蔬菜、果树、烟草、棉花等植物的大敌。

小龙崎问道：“鼻涕虫那黏糊糊的‘鼻涕’有什么作用呢？”

龙叔叔说：“现代生物学家研究表明，鼻涕虫的黏液其实就类似于我们生病流出的鼻涕。当鼻涕虫行走的时候，它的身后就会留下一条银白色的‘轨迹’，这是它的足分泌的黏液。这种黏液是一种由蛋白质、糖分子和水组成的混合物，因此也就具有了独一无二的特性。有了这种黏液，它的身体就可以顺利地向前滑行，看起来就像给自己创造了一个‘滑板’。当鼻涕虫停下来不再爬行的时候，黏液就将它牢牢地粘在物体的表面，而不至于掉下来。

“另外，鼻涕虫本身就生活在阴暗潮湿的地方，它只会选择在夜晚或者下雨的时候出来活动。这是因为这样的环境或天气，能够给它的身体提供足够的水分。它的身体就像一个极敏感的海绵，能够迅速地将空气中的水分吸进身体内，制造出‘鼻涕’。在它的‘鼻涕’中，水分占比达 96%。因此，当外面潮湿或者下雨的时候，鼻涕虫就会出来活动了。”

不可不知的事

香蕉鼻涕虫

说起鼻涕虫，就不能不提香蕉鼻涕虫了。因为对于鼻涕虫而言，它的颜色真的很美丽。它是温带雨林特有的动物，人们仅仅能在加利福尼亚中部的沿海地区看到它。它的身体呈鲜亮的黄色，外套膜呈乳白色，因为颜色长得很像香蕉，因此而得名。香蕉鼻涕虫依靠树叶、枯死的植物和动物的粪便来生活，而它最喜欢吃的食物就是野生的蘑菇。

3 不讲卫生的苍蝇

夏天天气很热，龙叔叔切了几块西瓜给小龙崎吃。可是，小龙崎很不老实，刚吃了一块西瓜，就跑到客厅看动画片了。过了一会儿，小龙崎又想吃西瓜了，就跑回来又拿起一块。这时，龙叔叔拦住他说："这块西瓜刚才落上了苍蝇，不能吃了。"

小龙崎不在乎地说："没关系，我把苍蝇赶走了。"

龙叔叔说："那也不行。苍蝇是一种很不讲卫生的昆虫，它专门喜欢垃圾堆等脏臭的地方。当在那里吃完'美餐'，全身粘满细菌之后，又会'嗡嗡……'地飞回我们的屋子里，在食物上搞破坏。"

小龙崎好奇地问道："苍蝇是怎么搞破坏的？"

苍蝇是惹人讨厌的害虫。从常年冰封的北极附近，到炎热酷暑的赤道地区，任何人家、任何房舍，只要有它喜欢的气味，它就骚扰人们，污染食物，危害人们的健康。

苍蝇的吃食习惯令人厌恶至极，是个"边吃边吐边拉"的家伙。我们吃东西时要依靠牙齿和舌头，但是苍蝇的口器却很特别，那是一个吸食液体的海绵体。当它吃东西的时候，会把先前吃到肚子里消化了一半的东西吐到正在吃的食物上，由于呕吐物中含有可以溶解食物的化学物质，等到食物被溶解变稀时，它才会吸进去。但是，最让人恶心的是，苍蝇不仅呕吐，而且还要排粪，把肠子里的一些活着的病菌、寄生虫卵等都排在食物上。如果人们吃了这样的食物，很容易感染上疾病，影响身体健康。这就是苍蝇“边吃边吐边拉”的吃食习惯。有人作过观察，在食物比较丰富的情况下，苍蝇每分钟要排便 4 ～ 5 次。

一些病原体也可进入它的肠道，又随着它的粪便排泄出来，污染食物、饮水等，人们误食以后便会感染患病。苍蝇摄取食物时，能把蛔虫、蛲虫、鞭虫、绦虫等寄生虫卵传给人们。所传染的消化道疾病，如伤寒、副伤寒、霍乱、菌痢以及小儿麻痹症、结核病、化脓性疾病和沙眼等，严重的甚至能致人死亡或残废。

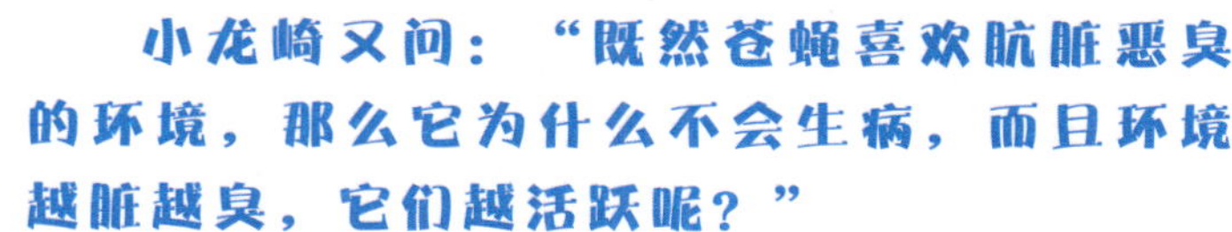

小龙崎又问：“既然苍蝇喜欢肮脏恶臭的环境，那么它为什么不会生病，而且环境越脏越臭，它们越活跃呢？”

龙叔叔说：“苍蝇在吃食的同时，也会吃进对自己不利的细菌，然而‘边吃边吐边拉’的方法有助于它迅速排出细菌。它从进食、吸收养分一直到将废物排出体外，一般只需 7 ～ 11 秒。如果遇上具有快速繁殖能力的细菌，苍蝇的免疫系统就会发射两种球蛋白，一旦与细菌接触，就会发生‘爆炸’，与细菌‘同归于尽’。这两种球蛋白的发射总是一前一后，成双成对，从不错乱。

“另外，许多对有害的细菌在苍蝇的消化道内，只能存活五六天，然后就会死亡，随着它的粪便排出体外。所以，苍蝇虽然感染了如此多的细菌，但是它们并不会生病。”

不可不知的事

生命力超强的苍蝇

虽然苍蝇只是一种昆虫，属于低级动物，但是它们的生存能力却超强。即使在最恶劣的条件下，它们也能生存。因此，在这个地球上，除了水里、南极和北极的冰封雪地，你在任何地方都能发现苍蝇。从阿拉斯加最寒冷的角落到最热的热带沙漠，只要有人类生活的地方，就会有苍蝇的身影。一只苍蝇的寿命在盛夏季节可达1个月左右。但在温度较低的情况下，它的寿命可延长至2～3个月，低于10℃时，它几乎不能进行活动，寿命更长些。普通苍蝇的成虫寿命是15～25天，如果连它的幼虫期和蛹期都包括在内，它的寿命则是25～70天。

4 以垃圾为食的蟑螂

今天小龙崎过生日，龙博士给他切了一块大大的蛋糕。最后，小龙崎实在吃不下了，就偷偷地把蛋糕扔到了厨房里。夜里，小龙崎又饿了，就叫起龙叔叔跟他一起跑到厨房找东西吃。忽然，小龙崎看到一些小虫子正趁着月色，继续狼吞虎咽地消灭那剩下的蛋糕呢！

小龙崎问："龙叔叔，这些小虫子是什么东西？"

"噢！是蟑螂！从某些方面来说，它们可是地球上所有生物之中的王者。因为早在恐龙灭绝以前，它们就已经在地球上横行了大约3.5亿年了。"

小龙崎很惊讶，又问："它们到底有什么样的特殊本领，竟能在地球上活了3.5亿年，甚至比恐龙生活的时代还要久远？"

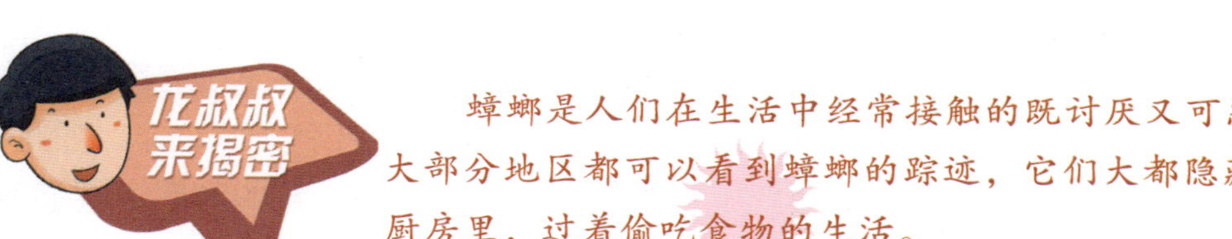

蟑螂是人们在生活中经常接触的既讨厌又可恶的害虫。在我国大部分地区都可以看到蟑螂的踪迹，它们大都隐藏在人们的住室和厨房里，过着偷吃食物的生活。

蟑螂非常怕冷，远不如苍蝇、蚊虫的越冬本领高。所以，当温度下降到0℃以下时，它的生命就受到严重威胁，甚至因寒冷而殒命。一到冬天，它多半在有取暖设备的房间里活动，或者躲藏在靠近火炉附近比较暖和、黑暗的角落里，而且行动非常缓慢，犹如因中毒而全身麻痹一样。在这种情况下，如果被人发现，它就只好束手就擒。

蟑螂的食量很大，吃的东西又很杂。它如果寻找不到食物，就爬到厕所的马桶、便盆里去寻找，不管是粪便还是尿液，凡是含有有机物质的，它都吃；吐在地上的痰液、腐烂的小动物的尸体它也都吃。在这些脏东西里，有各种各样的细菌。蟑螂带着这些细菌再爬到人类的食物上来，就把细菌带到食物和器皿上了。它是痢疾杆菌、大肠杆菌、霍乱菌、伤寒杆菌等病菌传播的媒介，还能传播结核病。科学试验证明，这些病菌在蟑螂的粪便中有很大的活力。蟑螂也是寄生在老鼠和人身体里的链珠棘虫、美丽筒线虫等的中间宿主，还能携带蛔虫、鞭虫、蛲虫、钩虫等虫卵。

美酒

听到这里，小龙崎又问：“人们都说它是‘打不死的小强’，它的生命力有这么强吗？”

龙叔叔说：“在地球的发展历史上，由于地壳运动，环境不断变得恶劣，包括恐龙在内的不少生物都纷纷消失了，只有蟑螂的生存和适应能力变得越来越强。寒暑、高压对于蟑螂来说不过就是小菜一碟，甚至有国外的生物学家根据蟑螂的生态习性下了一个惊人的定论：如果一旦发生类似原子弹的核爆炸，也不会对蟑螂的生活造成任何影响。非但如此，蟑螂的繁殖能力更是惊人。当一只雄蟑螂找到了它的伴侣以后，只需一年的时间，它们就可以繁殖出近万只小蟑螂！虽然不是每一只都有成活的可能性，但是这样的繁殖能力光是想想，就已经很可怕了。”

不可不知的事

蟑螂汽车旅馆

在我国，很多人经常使用硼酸等药物去灭杀蟑螂，这样不仅使家里的气味变得十分难闻，而且还会影响人们的身体健康。在美国，环保总署研制了一种叫“蟑螂汽车旅馆”的东西，不过这可不是什么真的为蟑螂设计的旅馆，而是一种寄生虫载体。这种载体里装满了寄生虫，它们对我们人体是无害的，但却是蟑螂的克星。它们能侵入蟑螂的体内，释放出一种有毒细菌，将蟑螂杀死。当蟑螂死光之后，寄生虫再自动灭亡，因为蟑螂才是它们唯一的食物。

5 专吃腐烂尸体的秃鹫

在动物园，小龙崎看到一种怪鸟：身长有1米多，身上是暗褐色的蓬松的羽毛，而头顶上和枕部只有短短的绒羽，颈部则没有羽毛，露出铅蓝色的粗糙的皮肤。

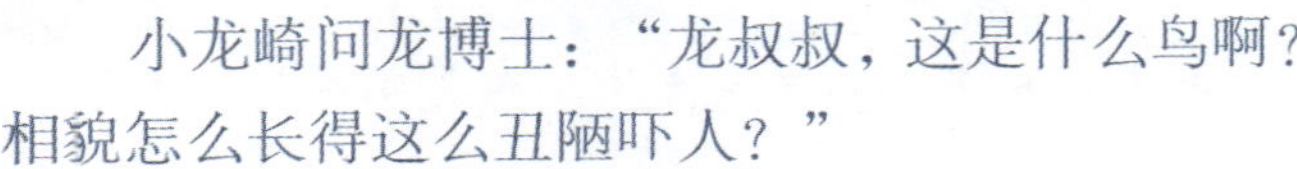

小龙崎问龙博士：“龙叔叔，这是什么鸟啊？相貌怎么长得这么丑陋吓人？”

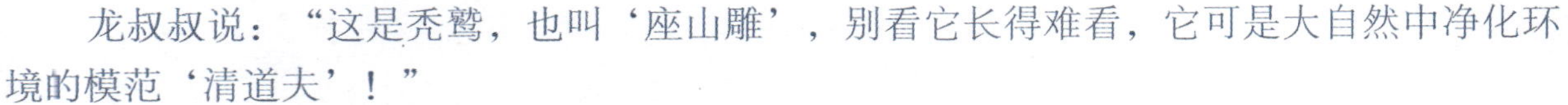

龙叔叔说：“这是秃鹫，也叫‘座山雕’，别看它长得难看，它可是大自然中净化环境的模范‘清道夫’！”

“‘清道夫’？为什么这么说呢？”小龙崎问道。

人类聚居的城镇，需要保持清洁的环境，否则，可能流行传染病。同样，在人迹罕至的荒原，死去动物腐烂的尸体也需要净化，否则将给动物酿成瘟疫。秃鹫虽然属于猛禽，但它们脚上的爪不够锐利，嘴也不像其他猛禽那样坚硬，撕裂和啄食新鲜的皮肉对它们来说很困难，因此它们没办法亲自去捕食活的大型猎物，只能去抢那些被野兽撕开的尸体的内脏。可是秃鹫身体很大，食量也很大，一只小秃鹫每天就能吃3千克肉。如果找不到那么多动物的内脏，它们就只好去吃其他动物都不愿吃的腐败的尸体。

每当到了繁殖季节时，秃鹫妈妈会在巢穴里孵化和保护秃鹫宝宝，而外出觅食的重任就交给秃鹫爸爸来做了。

每天很早，秃鹫爸爸就要出门去寻找食物了。一般在秃鹫吃掉腐肉之前，肉块已经在细菌的作用下开始腐烂了。等找到了这样的食物，它就会把自己的胃装得满满的。由于小秃鹫的消化系统并不健全，因此秃鹫爸爸还得将吃下去的食物储存在胃中，然后进行一些初步的消化。在秃鹫的胃中，能够分泌出大量腐蚀金属的浓酸以及许多消化酶，这些物质会将秃鹫爸爸吃下去的一切东西分解成十分细碎的基础物质，然后再与胃中的水搅拌混合在一起，形成一种好像芝麻糊一样的东西。小秃鹫等到它们的爸爸飞回巢之后，会争相张开尖尖的嘴，然后接受从爸爸胃里吐出来的糊状物。小秃鹫就是依靠这样的哺育方式不断成长的。

小龙崎问：“秃鹫吃腐烂的肉，不会生病吗？”

龙叔叔说：“秃鹫的消化系统犹如消毒器，能把腐肉里的病菌杀死，甚至排泄物也是有效的消毒剂。它常把自身的排泄物涂刷在两脚上，以免在用脚爪撕裂腐尸时受病菌的感染。科学家做过这样一个实验：从腐败的食物中提取有害病菌制成针剂，按秃鹫身体的比重，用多倍的剂量注射，它仍然安然无恙。但用小剂量注射到大白鼠、兔子身上，它们便立即死亡。可见，秃鹫体内能产生专门抗体。”

不可不知的事

聪明而软弱的埃及秃鹫

在东非坦桑尼亚人烟稀少的原野上，常常可以看到粗心的鸵鸟丢弃的鸟蛋。鸵鸟蛋一般重达3磅，壳厚而坚硬，这使得许多爱吃蛋的飞禽，因为弄不破它而只好“望蛋兴叹”。可是白色的埃及秃鹫特别聪明能干，当它发现鸵鸟蛋时，便在附近找来石块，用嘴巴叼住，不断撞击蛋壳，很快就会把蛋壳砸裂。有趣的是，埃及秃鹫在当地各类秃鹫中却是弱者。当它在砸鸵鸟蛋时，其他秃鹫就在旁边等着，蛋壳被砸开时，群鹫一拥而上，争相夺食。而付出了辛勤劳动的埃及秃鹫往往吃上几口就被其他强者赶走了。

6 吐出来再吃进去的牛

假期里，叔叔龙博士带着小龙崎来到了农村。在那里，小龙崎感觉一切都很新奇，到处跑着看，忽然他发现不远处有一头牛躺在地上休息，口里仍在不停地咀嚼着什么。小龙崎问："龙叔叔，你看那头牛在吃什么东西？"

龙叔叔说："牛吃东西有一种怪习惯，就是把草吞到胃里之后，再吐到口里来细细地嚼烂，随后再吞下肚里去消化。"

小龙崎皱了一下眉头，说："吐出来再吃，这多恶心呀！它们为什么要这样做呢？"

牛胃的构造十分复杂，它分成四个室。牛吃的草通过食道进入胃的第一个室，就叫"瘤胃"。瘤胃的容积占了整个牛胃的4/5，可以容纳100多升的草料。当牛边走边吃，把路旁的野草吃掉一大片时，这些野草通通都被牛吞咽到瘤胃去储存起来了。

牛的瘤胃既像一个储存食料的仓库，又像一座发酵工厂。草料在瘤胃里尽管没有受到消化液的消化，但是瘤胃内有大量的细菌和纤毛虫，能够把草料中的纤维素发酵、分解成糖，把蛋白质分解成氨基酸，然后吸收。如果取1克瘤胃的内容物放在显微镜下观察，就会看到有200亿个细菌和50万～100万个纤毛虫。牛吃入的饲料中，50%的粗纤维是在瘤胃内被分解的。

瘤胃下方的第二个室叫“蜂巢胃”，它有一格格网眼，像蜂巢的样子。在那里，同样生活着许多细菌。蜂巢胃与瘤胃紧密连接相通，它们通过不断的收缩，把瘤胃里的草料搅匀，以便微生物对纤维进行分解。同时，蜂巢胃的小格把食料揉搓成团，然后随着胃部的蠕动，将没有消化完全的食物吐回口腔中，进行再一次咀嚼，这个过程叫作“反刍”。

反刍回到口腔的食料经过反复咀嚼，食料的细胞组织进一步被磨碎，然后再吞入胃的第三室——瓣胃，最后进入第四室——皱胃进行消化。牛胃的四个室，只有第四室皱胃才像其他非反刍动物的胃那样，具有消化腺分泌胃液，进行消化。

听到这里，小龙崎又问：“牛为什么会养成这种习惯呢？”

龙叔叔说：“据说原先牛在山野里过活，经常遭到猛兽的攻击。就是在吃草的时候，也提心吊胆地恐怕猛兽来了，不能安心去吃，总是急急忙忙地抢着把草囫囵地吞下去，然后再躲到安稳的地方，歇下来把吞下的食物吐到口里，慢慢地咀嚼。以后就逐渐成了习惯，也改变了消化器官的生理构造。现在人豢养的牛本是野牛的子孙，所以还保留着反刍的习惯。”

不可不知的事

世界上毛最长的野牛

野牛的品种很多，目前已经知道的有欧洲野牛、美洲野牛、非洲野牛和亚洲野牛。在世界野牛当中，毛长得最长的是产在我们中国的野牦牛，它生活在青藏高原雪线以上五六千米的高寒山区。

牦牛，不论寒冬还是盛暑，全身都披着长毛。据测量，它的腹部、臀部最长的毛达1米左右。正因为它周身长着长毛，才能在高寒山区的雪线以上“安家落户”和“生儿育女”。它随着季节游动：冬季来了，便从五六千米上的高山区下到二三千米的山区；夏季到了，又返回高山区。它怕热而不怕冷，因此，饲养在动物园里的野牦牛，夏季一到，就要“避暑”，给牛舍安上防暑降温的设备。

7 吃自己粪便的兔子

这天，龙博士给小龙崎买回来两只兔子，只见它们长着长长的耳朵和一身柔顺的毛，看起来很可爱。小龙崎很喜欢它们，每天都给它们喂青草和菜叶，有时夜里还要起来看上一眼。

这天晚上小龙崎发现了一件怪事，忙跑回屋里把龙博士摇醒，说："龙叔叔，快醒醒，我发现兔子在吞食自己的粪便！"

龙叔叔打了个哈欠，说："这是兔子的习惯啊，没什么大不了的。"

"可是，兔子为什么要吃自己的粪便呢？"小龙崎怎么也想不明白。

一般说来，兔子要排出两种完全不同的粪球：一种是干燥的硬粪球，也就是我们通常所看到的排在笼子里或地面上的那种粪球，这种粪球在兔子活动或进食的时候都能排出；另一种是湿润的较小的软粪球，软粪球外面还包着一层薄膜。这种粪球很不容易看到，大多是在兔子休息时，主要是在晚上（每天 10 ~ 40 次）排出。有时我们会看到兔子将嘴伸到尾巴下，用舌头舔自己的肛门。实际上它是用嘴接着从肛门里排出的软粪球，并将它们很快地整个吞下。由于动作很迅速，又在夜间，如果不仔细而耐心地观察，要看清楚兔子"偷"吃粪便的现象，并非一件容易的事。有的科学家解剖了刚吃下这种软粪球的兔子，发现其胃里仍是整颗的包有薄膜的软粪球，这就证明兔子确实是吃了自己排出的软粪球，并且是整个吞下去的，没有经过咀嚼。

小龙崎的问题又来了："如果不让兔子吃自己的粪便，对兔子的生长发育会有什么影响呢？"

龙叔叔说："有人做了一个实验，将兔子的头部固定住，只允许它吃饲料，不允许它将嘴转到肛门下吃软粪球，并将排出的软粪很快地从铁丝网孔中清除，这样兔子就无法吃到自己的软粪球了。两三个星期之后，这只兔子死了。有人将这种软粪球进行化学分析，发现其中有低等微生物，如细菌、纤毛虫等约占 56%，未消化的植物纤维约占 14%，还有纯蛋白约占 25%。

“兔子‘偷’吃自己的软粪球后，在胃里停留约 6 小时，利用软粪球里的低等微生物，分解新的植物纤维（因为没有一种哺乳动物可以利用自己的消化酶来分解纤维素）和吸收碳水化合物，同时粪便本身也给兔子提供了许多必不可少的蛋白质营养。此外，兔子还有很发达的盲肠，作为发酵场所。由此可见，兔子消化功能上的这些特征和牛羊等反刍动物相比，有相似之处，只是反刍的方法有所不同罢了。”

不可不知的事

狡兔三窟

兔子非常聪明灵巧，它们在掘洞造窝时，一般都会留多个洞口，以备逃生之用。一旦一个洞口被堵住，便立即转移到其他洞口。如果不幸被猛兽捉住了，它宁可舍弃一切皮毛，也不做猛兽的囊中之物。有趣的是，兔子逃跑时会边跑边回头张望，它们要根据敌手的速度来确定自己的逃生速度，以免浪费过多的精力。兔子是以跳跃的方式奔跑的，速度高达每小时 50 ~ 60 千米，十分惊人。兔子的听觉、嗅觉极其敏锐，可是胆子却很小，一旦听到响动，便立刻躁动不安，逃之夭夭。

8 喜欢吃大便的狗

一天，小龙崎和叔叔龙博士去奶奶家玩。刚走到门口，一条黄狗就“热情”地跑了出来，跳起来舔小龙崎和龙博士。小龙崎边跑边喊：“龙叔叔，快把它赶走，我听说狗喜欢吃粪便！”

龙叔叔把狗赶跑，说：“没错，狗喜欢吃大便，有时吃自己的，有时吃其他狗的，有时还吃人和其他动物的，这种现象其实很常见。”

小龙崎跑过来问：“太恶心了！狗为什么要吃大便？”

科学家通过研究发现，狗的这种行为其实是为了保持身体健康的一种正常表现。如果我们用刀剖开狗的肠胃，就会发现在它的肠胃中，有许多像蛆一样的虫子紧紧吸附在肠壁上，看上去就如同从肠子上直接长出的毛发一样，这就是狗体内的寄生虫。它们平时以狗吃进肚子里的食物为生，在获得自己生存所需能量的同时，也帮助狗将食物分解得更加细碎，从而使营养物质更容易被吸收。可以说，这些寄生虫是狗消化系统中不可缺少的一部分。可是这些寄生虫的寿命很短，一般几天之内就会死掉。不过好在这些寄生虫在死亡前会产下大量的卵，并随着粪便一同被狗排出体外。于是，为了让自己的肠胃一直处于健康状态，狗就只能吞下那些含有大量虫卵的粪便了。

不仅如此，狗妈妈会在自己的孩子排泄完后为它们舔舐肛门，并将粪便吃掉，以免其他动物循气味捕猎尚未断奶的小狗。成年的狗如果感觉到威胁，也可能吃掉粪便以清除自己的痕迹。

另外，狗是比较通人性的一种动物。在家养狗中，有些人在狗随地大便后，对其责备或体罚，于是狗会因此将自己的粪便吃掉，以免被主人发现。还有一些狗，已经习惯了一天吃三顿饭，突然因为更换主人等原因改成一天吃一顿或两顿饭，那么狗也会为了缓解饥饿感而吃粪便。

听到这里，小龙崎又问：“难道狗吃大便的习惯是改不了的吗？”

龙叔叔说：“很难改变。我们应该及时清理狗居住环境中的粪便。清理时动作不要太急躁，以免狗误以为粪便是珍贵的宝贝，或以为这是一场争夺粪便的游戏，而抢先将它吃掉；在无法及时清理粪便时，可以选择将狗关进笼子里，笼底的缝隙要足够宽，使粪便能顺利落出笼外；遛狗时，则应为狗戴上嘴套，杜绝狗吃到粪便的机会。”

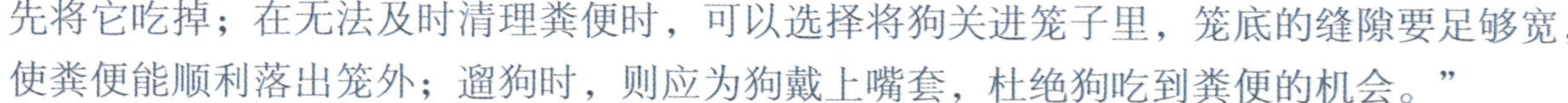

狗鼻子的“神通”

狗是一种靠鼻子过日子的动物。狗的鼻子能分辨大约200万种不同的气味，并且，它还具有高度的“分析能力”，能够从许多混杂在一起的气味之中，嗅出它所要寻找的那种气味，然后跟踪追击。平常，狗上了陌生路时，总是喜欢东闻闻，西嗅嗅，走一段路就屙一泡尿。谁能想到，这沿途撒下的尿水，却正是它返程的“路标”。更有趣的是，狗对于鉴别人体的气味，更是具有独到的本领。它只要闻到过某人身上的气味，就能正确地找出这个人或这个人用的任何东西。它只要嗅过某样物品的气味，就能很快把它从最隐蔽的处所搜查出来。

9 脏兮兮的河马

在动物园里，小龙崎看到了河马。它最大的特点就是拥有一张血盆大口，并且四肢粗短，身体滚圆，就像一个圆桶般笨重。它那两个大大的鼻孔长在嘴巴的上方，几乎与眼睛和耳朵呈一条直线。

小龙崎一边看河马，一边问龙博士："龙叔叔，这个大家伙有多重呀？"

龙叔叔想了一下，说："一般的河马体长为 3 ～ 4 米，肩高 1.4 米，体重 1.2 ～ 1.6 吨，最大的河马可以达到 3 吨重，是世界上体重仅次于大象和犀牛的陆地动物。"

"咦，你看它身上怎么脏兮兮的？"小龙崎又问道。

河马不仅身体庞大，而且就连它那厚厚的皮肤也是所有陆地哺乳动物中绝无仅有的，最厚的地方竟然达到了 5 厘米，这个厚度恐怕连普通的手枪子弹都无法穿透呢！别看河马的皮肤那么厚，可是却有一个致命的缺陷，就是如果长时间在日光下暴晒，它的皮肤就会开裂。因此，我们看到的河马白天基本上都是泡在水里，等夜晚到来的时候，它们才会从河水中走出来，然后寻找食物。同时，河马还与犀牛和大象有着同一嗜好，就是都喜欢冲洗泥浆浴，把全身上下都弄得脏兮兮的，这样就可以有效地避免蚊虫的叮咬了。

当然，河马除了喜欢在泥浆中翻来滚去以外，还有一个更加恶心的习惯，就是它们喜欢在排泄粪便的时候高高撅起屁股，然后用尾巴不断地拍打，把粪便弄得到处都是。这是因为在河马的粪便之中包含了它的身体状况等一切信息，为了将这些信息最大范围地扩大，所以它会用自己的尾巴不断地拍打，让更多的同伴知道自己。

不仅如此，当两头河马因为某一件事情而发生争执的时候，河马也会把自己的粪便当成“暗器”来羞辱对方。只不过对于非洲的狒狒们来说，河马泼洒粪便的行为完全是一种“浪费”，因为在河马的粪便之中含有大量的植物纤维素，所以每当河马排泄完粪便之后，这些狒狒们总是会第一时间跟上来抢食一空。

小龙崎点了点头，说：“哦，原来是这样，怪不得我们站在河马身边，还能闻到一股令人作呕的气味！”

龙叔叔说：“这种气味主要来自它身上分泌出的鲜红色液体。不过，它并不是血液，而是一种特殊的黏稠液体，是由河马皮下一种特殊的腺体分泌而成的。这些液体开始的时候是无色的，但是随着它离开水面的时间而逐渐变得深红，就仿佛血液一般，直至最后成为一种深褐色。在河马的这种黏液当中含有红、橙两种色素，这两种色素可以有效地吸收可见光和紫外线，保护河马的皮肤在太阳的暴晒之下不受伤害。”

不可不知的事

凶猛的河马

河马平时总是懒洋洋地待在河水里面，悠然自得，但你可不要被它那憨态可掬的样子给迷惑住了，要知道，对于所有的非洲人来说，他们都有一个共识，那就是在非洲的河流之中，河马绝对是最可怕和凶猛的动物。我们都知道鳄鱼会吃人，但是鳄鱼在吃饱了以后是不会随意袭击人或动物的，可是河马不一样。当河马在岸上想回到河水之中的时候，中间若是有任何动物敢加以阻拦，那它便会毫不犹豫地发起攻击。如果遇到生育期的河马，母河马就会把所有侵入领地内的动物都视为敌人。因此，在非洲每年至少有数十人因为河马的攻击而命丧黄泉，真是太可怕了。

10 滚粪球的蜣螂

星期天，小龙崎和叔叔龙博士一起出去郊游。在郊外原野的草间小路上，小龙崎发现了一种奇怪的虫子。只见它体形肥大，强壮有力，身穿一套黑色盔甲，后腿细长而向外弯曲，前腿胫节像耙子似的向外扩大，还滚着一个圆球。

小龙崎问：“龙叔叔，您看这是什么？”

龙叔叔看了一下，说：“哦，这是蜣螂，也叫‘屎克郎’。它最爱吃的是动物的粪便。你看，那个圆球就是一个粪球！”

小龙崎说：“蜣螂真有意思！它们是怎么制作粪球的呢？”

蜣螂滚动粪球极为熟练。它一发现牛、马、骡等草食性动物的粪堆，立即群集而来，运用它那像耙子似的两对脚，相互合作，把粪滚成圆球形状。起初，粪球只有蚕豆粒那么大，渐渐地再往上添加，越滚越大，最后可以滚到核桃般大小。在这紧张的劳作中，蜣螂多是雌雄一起合作，但也有一些单干的。

蜣螂把粪球滚好后，需要将粪球运到一个适当的场所。这时，蜣螂急速地滚动着粪球，边滚边留心寻找适合的场所。这个工作与做粪球相比，要付出的劳动就更大了。蜣螂在滚动粪球的途中，常遇到土堆、石头等阻碍物，甚至还要爬山越岭。在爬坡时，常常是将要推到坡顶时，又会连球一起滚下来。这时，它又要回过头来寻找滚落的粪球，用尽全身力量，一步一步地把粪球再从原路滚上去。

在滚动粪球的时候，不管是单干的雄蜣螂还是雌雄双方共同合作，常常会遇到在半路上抢夺粪球的另一只雄蜣螂。如果进攻者坚持进攻，两只雄蜣螂之间便会爆发一场激烈的“肉搏战”，互相厮打。

小龙崎又好奇地问：“蜣螂做的粪球除了吃，还有其他作用吗？”

龙叔叔说：“有，而且还很浪漫。粪球是雌雄蜣螂‘爱情’的‘硕果’，也是雄蜣螂为了求得雌蜣螂的‘爱情’而送的‘礼物’。当雌蜣螂接受了雄蜣螂的‘礼物’之后，在交配时，‘新娘’就一点一点地品尝着婚食。因此，有人又叫它‘婚礼粪球’。

“吃完了整个粪球，雄蜣螂便从洞里爬出来，利用触角去嗅一嗅哪里有食物。嗅到之后，它就向有粪的地方飞去，然后再去搓一个新的粪球，滚回洞里，用前足把球的外层拍压得硬硬的，并在球顶上留下一个洞。雌蜣螂在小洞里产下卵，然后把洞口封闭起来，并且用一些土把这个有卵的粪球遮盖住，这个特殊的粪球也就成了孵育室。

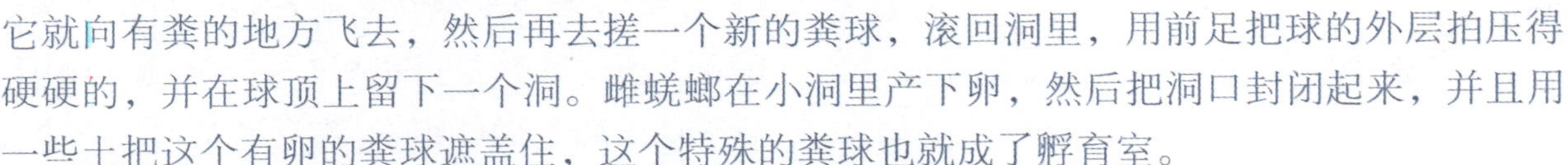

“这个粪球虽然有一层土覆盖着，但在夏季强烈的阳光下，它的外壳还是会被烘得又干又硬。硬壳保护着粪球的内部，使内部不会干燥，这样蜣螂的儿女从卵内爬出来时，就可以吃到父母给它们准备好的丰盛食物了。待幼虫把球内的食物吃完，也长得已经足够大了，变成蛹，蛹再变成蜣螂，这时蜣螂就要冲破硬壳出来谋生。由于壳太硬，因此蜣螂一般都会等到秋雨来帮它把大门敞开，然后才从这个球形的住宅里爬出来。”

不可不知的事

蜣螂出国

我国的一种蜣螂应澳大利亚有关方面的“邀请”，离别故土，远涉重洋，到澳大利亚去安家落户了。澳大利亚现有几千万头牛，这些牛每天排出几亿堆牛粪，要覆盖成百万亩草场。牛粪还孳生蝇类，更是害上加害。从中国运去的蜣螂，就是为了帮助人们清扫那里大牧场的粪便。因为澳大利亚的蜣螂只吃袋鼠粪，不吃牛粪。澳大利亚大量引进和繁殖我国产牛地区的蜣螂，用来清除草原上的牛粪，这对当地畜牧业的发展、对保证人畜健康，都极有好处。

11 用胃当嘴的海星

这天，叔叔龙博士带小龙崎去海边玩。在沙滩上，小龙崎捡到一个身体扁平、长着五个“角”的东西。小龙崎问：“龙叔叔，您看这是什么？它的身体长得像星星，真漂亮！”

龙博士接过来看了一下，说：“这是一种无脊椎动物——海星。它其实是一种贪吃食肉的家伙。在吃东西的时候，它并不是把食物往肚子里咽，而是先把自己的胃吐出来，然后再将食物吞下。”

“啊，它不嫌脏呀？”小龙崎觉得有点恶心。

人们一般都认为，鲨鱼是海洋中最凶残的食肉动物。可是有谁能想到，平时一动不动的海星也是食肉动物呢？在海洋中，海星的活动不像鱼类那样迅速，它总是缓慢地移动，捕食一些贝壳等动作较迟缓的动物。

当它发现猎物时，会不动声色地慢慢靠近，迅速地用腕上的管足捉住猎物并用整个身体将其包住，然后将胃从口中吐出，使整个胃部都露在外面。海星胃中的消化酶有很强的分解能力，能在很短的时间内，将猎物的身体迅速分解，从而转变成容易吸收的物质。它的这种吃东西的动作很吓人，在世界上应该不会再有什么动物敢用这样的方法进食了！

捕食者与被捕食者在自然界中，常常要展开生与死的较量。为了逃脱海星的“魔爪”，被捕食动物几乎作出了最顽强的抵抗。有一种大海参，每当海星触碰它时，它就会猛烈地

在水中翻滚，趁没被海星牢牢抓住之前逃之夭夭；扇贝躲避海星的技巧也很独特，当海星靠近它时，它便会一张一合地迅速游走；有一种小海葵，每当遇到海星时，就迅速从攀附的礁石上脱离，随波逐流，从而漂流到安全之地。这些动物逃避海星的能力都是经过长期进化而来的，这也符合了大自然“适者生存”的规律。

小龙崎一边听着龙叔叔的话，一边仔细观察手里的海星，他发现这个东西没有眼睛！于是，小龙崎问：“龙叔叔，海星没有眼睛，那它是怎么‘看见’猎物的呢？”

龙叔叔说：“在海星的每一个腕的末端都会有一个红色的小点，那里是它感应光线的重要感觉区。没有眼睛的海星就是依靠它们来感应周围不断变化的事物，这样的方式并没有给海星带来多大的不便，它依然在海洋中很好地生活。

“大多数海星并不喜欢光亮，它们都是在夜间活动。当夜晚到来的时候，海星就依靠那些感光的感应区来察觉水中的食物。除此之外，科学家认为，海星全身的皮肤都具有高度的感光性，这些感光的组织构成了海星的‘视觉系统’。另外，海星还能通过改变自身的颜色达到迷惑敌人的目的。”

不可不知的事

海星没有鼻子怎么呼吸？

海星生活在水中，可是它没有人类那样专门用来呼吸的鼻子，它是怎么呼吸的呢？原来海星的呼吸器官是皮肤上的皮鳃。皮鳃是与皮肤和体内的体腔相通的一种呼吸组织，当单个的皮鳃集合起来时，就会形成皮鳃区，而海星的全身就是由大量的皮鳃区构成的。海星利用皮鳃呼吸，就好像鱼在水中凭借鳃来呼吸一样，只不过鱼只有一对鳃，而海星的鳃却布满整个体表。

12 下水道里的肮脏老鼠

这天吃完晚饭，叔叔龙博士对小龙崎说：“小龙崎，我给你说个谜语，你来猜猜是什么动物：两撇小胡子，尖嘴尖牙齿；贼头又贼脑，夜晚干坏事。”

小龙崎想了一下，说：“是老鼠！”

龙叔叔笑着点了点头。

小龙崎歪着脑袋问：“龙叔叔，老鼠都会干哪些坏事呢？”

对于我们人类来说，可能会为了每天要吃些什么而发愁，而对于像老鼠这样杂食性的小型啮齿类动物来说，只要有什么它们就吃什么，从来不挑食。

老鼠是很讨厌的，它们总是在半夜三更的时候跑出洞穴，啃咬我们的床柜甚至是衣服。其实，老鼠并不喜欢吃这些坚硬的东西，只是因为它们的牙齿每天都在不停地生长，所以它们必须要啃咬一些坚硬的东西来把牙齿磨平。

我们都知道，牙齿是一种高度钙化的组织，它比骨头还要坚硬。不过像我们人类和其他的动物，牙齿长到一定程度的时候就会停止生长了，但是老鼠则不然，因为它们的牙齿

并不是实心的，在中间还有一个空腔，叫作“牙髓腔”。一般的动物长大后牙髓腔就封闭了，而老鼠却与众不同，它们的牙髓腔是不封闭的，因此一生都能不断地生长。如果不采取措施，它的牙齿会无限地生长下去，到那个时候，一定会给生活带来巨大的麻烦，因此老鼠只能通过不停地啃咬坚硬的东西来把牙齿磨平了。

人们之所以讨厌老鼠并将它列为城市的“四害”之一，除了它经常偷吃我们的粮食外，最重要的一点，就是它会引起大规模瘟疫的发生。如果人们感染上了鼠疫的话，首先，会高烧不退，然后，会产生皮下组织的大规模出血，从外部看起来，就像是一块淤黑的斑块一样，到了这个时候，患者身体内的所有组织几乎都已经被鼠疫感染而坏死了。因此，患者会变得臭不可闻，不管是他的汗水还是他的呕吐物，就连他的每一次呼吸，都散发着令人作呕的恶臭。如果这个时候我们切开他的身体，就会惊讶地发现，他身体里的每一个器官都长出了大块大块的肿瘤，正往外缓缓溢出黏稠的脓汁呢！大多数人在3天之内就会死去，只有很少的人能抵抗住鼠疫的侵袭。

听完龙叔叔的解释，小龙崎说：“哦，怪不得过街的老鼠，总是人人喊打呢！”

不可不知的事

顽强的小老鼠

老鼠是很耐饿的小动物，即使一个星期不吃东西，它也饿不死。尽管它的天敌有成千上万，可它却仍然顽强地生存了下来。这是因为老鼠的繁殖能力超强。一般的母老鼠40天左右便可以怀孕生小老鼠，一胎能产6只左右，也就是说，1年之后，原来的一窝老鼠就可以出现"六世同堂"的画面了。

不仅如此，老鼠的生命力也十分顽强。在第二次世界大战的时候，美国在日本投放了两颗原子弹，恐怖的冲击波摧毁了一切，还放射出许多致命的射线。许多人因此丧生，或者因为基因变异而变成畸形，但是老鼠却顽强地在危机中活了下来，既没有残废也没有畸形，而且还长得特别健壮。

13 传染疾病的跳高冠军

在农村，小龙崎与奶奶家的大黄狗成了好朋友，一天到晚逗着它玩。晚上，小龙崎觉得身上很痒，皮肤还有许许多多的小红点，用手一抓，就会形成大片大片的包，难受极了。

龙叔叔看了一下小龙崎的症状，说："看来有'客人'来到你身上了。"

"客人？什么客人？"小龙崎好奇地问道。

"我说的'客人'是一种小型而善于跳跃的寄生性昆虫，它的名字叫跳蚤。"龙叔叔解释说。

跳蚤的身体虽然很小，还没有一颗芝麻粒大，但它却善于跳跃，因此人们称它为"跳蚤"。保持世界纪录的跳高运动员所跳的高度，充其量也不超过自己身长的2倍，可是跳蚤却能垂直跳跃达21厘米，水平跳跃达38厘米，比自己身长大200～300倍。更令人惊讶的是，它不但跳得高，还能连续不停地跳跃而不感到疲劳。如果一个人有跳蚤那样善于跳跃的本领的话，稍一用力就可以跳过60米高；如果是三级跳远，一跃就超过1000米。跳蚤的本领，不仅表现在跳高上，它还是一个"大力士"，能轻而易举地搬动比它身体重80倍的物体。

跳蚤的头部和它的身体相比，比例太小了，显得很不相称。可是，在它那小小的头部上，除了一对漆黑锐利的眼睛和灵敏的触角以外，还"装备"着一套非常得心应手的皮肤"凿孔器”。它就用这件“武器”吮吸宿主的血液。它的上唇咽和小颚内叶合起来成为吸管；小颚内叶上面还生有“锯齿”，相当锐利。它就用这个利器刺入宿主的皮肤，贪婪地吸血，使人的身体发生红肿，瘙痒不止，严重时还会造成过敏性皮炎以及溃疡性皮肤病。

小龙崎边挠痒痒边问：“既然跳蚤是依靠吸血来生存的，如果有一天我们出了远门，那么藏身于缝隙中的跳蚤岂不是要活活饿死了？”

龙叔叔说：“这个你根本不需要担心。要知道，跳蚤在没有鲜血的时候会自动降低身体的新陈代谢，从而进入一种假死状态。只要一嗅到鲜血的气味，它们就会一下子‘活’过来。据说，一只寄生在人身上的跳蚤，不吃不喝最长可活到 518 天，而寄生在老鼠身上的跳蚤可以活 345 天，更加惊人的是一种俄罗斯跳蚤，竟然可以活到 1487 天！”

不可不知的事

用自己的粪便养育后代的跳蚤

跳蚤是一种完全变态的昆虫，因此，它在幼虫阶段的生活习惯与成虫阶段的生活习惯是截然不同的。也许你不相信，跳蚤在幼虫阶段的时候是像蛆一样的白色小虫，它们拥有发达的消化系统和咀嚼式的口器。也就是说，跳蚤幼虫可以“吃东西”，而不是像它们的父母那样，必须要吸取血液才能生存。也正因为如此，每当跳蚤要产卵的时候，就会拼命地吸取血液，然后在体内转化成富含有机物的粪便，固定排泄到墙壁或者家具的缝隙之中，并且和许多灰尘混合在一块。这些和脏兮兮的灰尘搅和在一起的粪便，就是跳蚤幼虫出生以后的食物了。这些食物将会伴随着它们一直成长，直到它们像蚕一样吐丝结蛹为止。

14 臭名昭著的小东西

小龙崎和叔叔龙博士正在看电视，忽然一股臭味飘了过来，小龙崎捂住鼻子说："哎呀，什么东西这么臭！"

龙叔叔关上窗户，说："这就受不了了？在北美洲有一种全世界臭名昭著的动物，几乎所有听过它名字的人都会不由自主地皱起眉头，带着满脸恶心的表情。有的人甚至说，自己宁愿去和百万大军决战，也不愿面对这样一个让人头疼的小东西。"

小龙崎来了兴趣，问："这是什么动物？"

龙叔叔说："它就是臭鼬。"

说起臭鼬，人人都知道，每当它遇到危险时，便会释放出一种十分难闻的气味。但是如果问起这个味道是怎么产生的，恐怕就很少有人答得出来了。

其实，臭鼬既没有坚硬的皮肤，也没有像其他动物一样的尖牙利爪，于是通过长期的进化，它就有了一种独特的防御手段，那就是难闻的气味。而这种难闻的气味就成了臭鼬赖以生存的"护身符"。

每当臭鼬遇到了惊吓，并且到了危及生命的紧要关头时，它就会停下逃跑的脚步，将前脚倒立起来，然后用眼睛瞄准敌人，喷射出一种带有恶臭的液体。这种液体能够散发出令人作呕的气味，哪怕是最喜欢在垃圾堆里乱窜的老鼠都会敬而远之。不仅如此，这种液

体还带有强烈的刺激性，就好像风油精一样，让人睁不开眼睛，而且比风油精厉害得多。如果这种液体不小心溅到了人的眼睛里，很有可能会造成短暂的失明。

科学家经过研究，发现这种液体的主要成分是一种叫作“丁硫醇”的物质，它是由臭鼬肛门旁边的一个特殊腺体分泌出来的。这个腺体平均每天都会产生大约1毫升的丁硫醇，一旦臭鼬遇到了生命危险，就会将其释放出去。因此，在美洲，除非是到了非常饥饿的时候，要不然没有任何猛兽愿意去招惹臭鼬。不过，由于每天臭鼬“屁”的排放量有限，因此它并不能随便使用。

小龙崎问：“那除了臭气熏人的屁，臭鼬还有什么能用来防御敌人呢？”

龙叔叔说：“其实，它还有另一个御敌武器——显眼的毛色。臭鼬的体形和家猫差不多，它的全身都是黑色的毛发，只在两眼之间有一条狭长的白纹，并且从脖颈开始还有两条宽阔的白色背纹一直延伸到尾部。当臭鼬遇到危险时，它们首先会用身体上这种显眼的颜色来吓唬对方。一般在野外，动物都会认为毛色越是显眼，身上越是充满了剧毒，而臭鼬通常就是依靠这种方式使对方知难而退。如果敌人并不害怕，同时开始不断靠近，它就会低下头来，用前爪不断地跺着地面，用嘴巴不断地向敌人发出警告声。如果一切都不奏效，臭鼬才会动用它们的终极保命武器——臭屁。”

不可不知的事

会记仇的臭鼬

在美国和加拿大这两个臭鼬出没最为频繁的国家，人们都不会轻易地招惹臭鼬，这是因为人们都知道臭鼬是个十分记仇的家伙。如果你白天惹了它，它就很有可能半夜跟踪到你的房间里来，把你的房间弄得臭气熏天，无论你怎么清洗，喷多少香水，都无法除掉那种臭味。不仅如此，它们还有可能叼走你的鞋子，或者偷走你家里的某样东西，以示报复。

15 小河里的血吸虫

夏天，小龙崎来到了农村。那里天气很热，又没有空调，因此小龙崎有时会去村边的小河里洗澡。龙叔叔告诉他：“当你在河里游泳的时候，可要小心了。因为那里常年生活着一种喜欢吸血的虫子，它的名字叫‘水蛭’，又叫‘蚂蟥’。”

小龙崎有点害怕，就问：“为什么说水蛭是血吸虫呢？它是怎么吸血的？”

水蛭的身体扁扁的，形状看起来像个圆柱形。它十分聪明，总是能够抓住一切机会进入人的身体，然后吸食人的血液。当它在水中遇到“食物”的时候，就会随水中的波浪，慢慢地移动到食物的旁边。如果此时你恰巧在水中，很可能被它袭击。它会慢慢地游到人的肛门里，然后在那个不易被人察觉的地方，张开它那由3个半圆形的颚片围成的小口吸食血液。如果让水蛭肆无忌惮地吸血，它长长扁扁的身体就会像气球一样，迅速膨胀起来，并且越来越圆。而且，随着血液的增多，它那黑绿色的身体还会撑得发亮，看起来像要随时爆开一样。

在一般情况下，水蛭并不容易死。如果它始终贴紧皮肤，你可以取一点盐撒在它的身上。盐只要遇到水就会变成浓的盐溶液，而盐溶液能通过水蛭的眼睛渗入它的身体里，使它体内的液体流出，不久它就会干瘪死掉。

当水蛭离开皮肤后，被叮咬的伤口一定要进行必要的处理。你可以先在伤口上涂一些碘酒或酒精消毒。如果没有这些东西，也不用着急，有一个偏方，即将竹叶烧成炭灰敷在伤口上，一样可以达到防感染和止血的目的。

水蛭有很强的生命力，或许你会认为，用刀将它剁成几段，它应该会死掉吧！其实这样的想法是错误的。即使你将水蛭剁成很多段，它的每一段身体还是会像一个个的小水蛭，

仍然可以继续吸血。水蛭的这种特性同蚯蚓十分相似，它们都属于无脊椎动物，而当它的身体被砍成几段后，依然具有各自的生命力。

在水田干活的人总是很讨厌水蛭，因为它总会不知不觉地出现在人的腿上，怎么拉扯都拿不掉。

小龙崎问：“为什么它的吸附力这么强？”

龙叔叔说：“它的吸附力之所以这么强，是因为在水蛭和人的皮肤中间会形成一个真空，看起来就像贴在墙上的吸盘挂钩，吸附力十分大。这时候千万不要用手去揪它，因为它遇到突然袭击时，会吸得更紧，越揪它吸得越牢。不要紧张，赶快用手轻轻地拍几下被吸处的皮肤，只要皮肤一收缩，身体下的真空状态被破坏了，水蛭自然就掉下来了。”

不可不知的事

偶尔充当“医生”的水蛭

别看水蛭处处吸血，看起来十分讨厌，它还可以用来治病呢！在医院中，经常会看到一个断指再植病人的手指上吸附着一条水蛭，它在不断地吸伤口处的血液。当它喝饱了血以后，就自动从手指上落下来。原来，它分泌的唾液中含有一种水蛭素，有阻止血液凝固的作用。水蛭边吸血边分泌唾液，血液便会持续地慢慢往外流出，不会凝结。利用水蛭来放血，既不会伤害皮肤，伤口处也不再充血，再生血管会慢慢长好，从而形成新的血液循环。

16 生活在屁股里面的蛲虫

这天，龙叔叔发现小龙崎有些坐卧不宁，老是用手挠屁股，就问他怎么了。小龙崎说："我也不知道怎么回事，老是感觉屁股痒痒的。"

龙叔叔说："那你屁股里可能生蛲虫了。"

"蛲虫是什么东西？它们生活在屁股里吗？"小龙崎很惊讶。

蛲虫是一种白色的小线虫，也分雌虫和雄虫。雄虫小，长仅2～5毫米，虫体后一半卷成蚊帐钩样。雌虫较大，尾巴不卷，全长1厘米左右，但因体后1/3很尖细，看起来没有这么长。蛲虫的成虫寿命不长，一般在一个月左右。

蛲虫寄生在人体大肠里，尤其多见于回盲部一带。它的头端吸附在肠壁上，甚至有时钻进肠黏膜中，靠吸取肠内容物和血液生活。雌雄交配后，雄虫不久就死去，因此我们一般在新排出的粪便之中看不到雄虫，只能发现一些四处乱爬的雌虫。

交配后，雌虫的体内早已充满了虫卵，而人肠胃的温度和缺氧的环境并不适合产卵，每当人们进入梦乡的时候，屁股的肌肉就会松弛。这时候雌虫便会肆无忌惮地从屁股中爬出，在我们白嫩的臀部产卵。产过卵后，雌虫也多半死去。雌虫在我们屁股上爬行的时候，蠕动的身体会刺激屁股发痒，会让人不自觉地用手去抓挠。这样，虫卵就又重新回到人的手上。等到第二天，它们就会找机会回到我们的身体里，继续为非作歹。

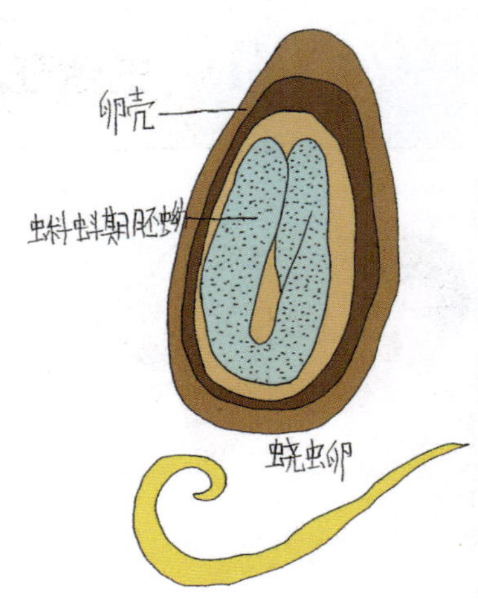

蛲虫卵有黏性，能黏在肛门周围温暖又潮湿的皮肤上逐渐发育，几个小时后就对人具有感染力。此外，虫卵也会粘到内裤、被单或席子上，从而污染周围环境。蛲虫卵对自然条件的抵抗力相当强，除日光直晒和开水烫煮外，一般不易死亡，在指甲缝里 10 天后还是活的。如果卫生习惯不好，例如饭前便后不洗手，好吸吮手指、咬指甲，不经常剪指甲等，就很容易把沾到手上的蛲虫卵吃下去。虫卵经胃到小肠后，卵内幼虫就孵出来，经过半个月到一个月的发育，就变成能产卵的成虫了。

小龙崎又问：“蛲虫对人体有什么危害？”

龙叔叔说：“蛲虫刺激肠胃，从而影响人的胃口，也可刺激泌尿系统，使人发生尿频、夜尿。如果虫体钻进阑尾，可以引发阑尾炎。”

不可不知的事

蛲虫病可以反复感染

患了蛲虫病，经常治不好，是一再反复感染的缘故。可见，养成良好的卫生习惯在疾病防治上是多么重要！尤其是幼儿园、托儿所等集体生活单位，如果卫生条件较差，很容易互相传染。整理床铺也可把被褥、床单或席子上的蛲虫卵散发到附近，扫地可使落到地上的蛲虫卵传播到他处，苍蝇也可携带虫卵。

17 随粪便一起排出的蛔虫

这天，龙叔叔正在书房里看书，突然听到厕所里传来小龙崎的喊叫，就连忙冲了过去。只见小龙崎撅着屁股，指着便盆说："龙叔叔，您看，我排出的大便里怎么有一条长虫子？那是什么东西？"

龙叔叔说："这是蛔虫，看来我前两天给你吃的驱虫药起作用了。"小龙崎提上裤子，问："我肚子里怎么会有蛔虫？它是从哪来的？"

古时人们就提出了这个问题，但那时科学还不发达，无法揭穿它的秘密，因此，人们错误地认为蛔虫是人肚子里自己生出来的。其实，任何一种生物都有自己的来龙去脉，是不会凭空生出来的。

蛔虫身体细长，前端钝圆后端尖。活的虫体呈乳白色，有时微带红色，死后变成灰白色。雌虫比雄虫粗而长，尾端尖直，雄虫尾端向腹面卷曲。蛔虫一般寄居在小肠里。

蛔虫不但夺取人小肠中已经半消化的食物，而且还天天产下大量的虫卵。这些虫卵就混在大便里，随大便排出体外。蛔虫卵随粪肥可以落到许多地方和许多东西上。这种卵（受精卵）对外界不利条件的抵抗力相当强，除高温、干旱和阳光直晒外，在自然界可以存活很长时间。在较适宜的条件下，经过20多天，卵细胞就会发育成对人有感染力的幼虫，这种卵就称为"感染性蛔虫卵"。

如果不洗手就拿东西吃，特别是在地里吃新挖出的生番薯、生萝卜等，就可能把沾在

手上或食物上的感染性蛔虫卵吃到肚子里去。小孩子到处玩泥沙，随便乱吃东西，更易发生这种情况，因此，蛔虫病在小孩中特别多见。如果人们没有吃下感染性蛔虫卵，肚子里是绝对不会生出蛔虫来的。

小龙崎问：“蛔虫对身体有没有害？”

龙叔叔说：“蛔虫在我们体内不断排出各种新陈代谢产物，有些产物对我们是有毒的，可以引起消化不良、食欲不振以及一些精神症状，如睡中磨牙、精神不安宁，等等。有的人会经常出现荨麻疹（俗称“风疹块”）。此外，有蛔虫的人（特别是儿童）会突然发生多种多样的严重急症，一般表现为突然肚子痛，甚至痛得打滚，满头大汗，面色青白，医学上称为‘蛔虫性急腹症’。有的发一阵过去了，有的就疼痛不止，需要赶快医治，甚至需要动手术。如果救治不及时，可以造成死亡。”

不可不知的事

生吃酱菜、泡菜、生葱易得蛔虫病

酱菜、泡菜都是腌制过的，但在制作和储存过程中，并不能保证杀灭全部蛔虫卵，因此最好还是不要生吃；如果要生吃，起码要用干净水好好冲洗几遍。还有人喜欢吃生葱、生蒜或是用各种调料生拌的蔬菜，如果没有好好洗净，它们也会带有感染性蛔虫卵。因为酱油、醋、辣椒粉、甜酱，甚至黄酒、白酒，都不容易杀死蛔虫卵。

二、人体的
“恶心”事儿

1 令人恶心的黏稠脓液

在手工课上，小龙崎打碎了一个玻璃瓶，捡拾玻璃碎片时，一不小心他的手指被割伤了。他没有当回事，只是用一块手帕包扎了一下。过了两天，小龙崎感觉受伤的手指隐隐作痛，就让叔叔龙博士帮他解开手帕看看，只见伤口的血虽然已经止住了，但出现了脓包，还有一些黄绿色的液体。

龙叔叔担心地说：“哎呀，伤口化脓了！”

小龙崎龇牙咧嘴地问：“这些脓液真是让人感觉恶心！它们到底是什么呢？”

先由人体的血液讲起吧！我们的血液由红细胞、白细胞和血小板组成。而白细胞是一种有着强大吞噬能力的特殊细胞。

自然界中的各个角落存在着比米粒还要小几万倍的细菌，它们随时等待着侵入人体。一旦人的皮肤出现了伤口，它们就会立刻乘虚而入，肆意破坏身体组织，最终让人生病。面对来势汹汹的细菌，众多的白细胞就会在大脑的号召下，随着血液来到伤口附近，用它们的身躯组成一道防线，与细菌展开生死决战。其实，对于它们来说，众多的细菌就好像是香喷喷的米饭一般美味可口。于是，它们就会一口一口地将细菌吞噬下去，在体内分解消化，最后排出体外。

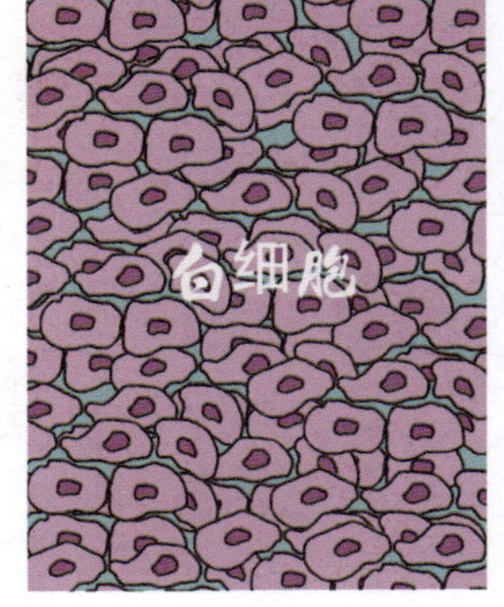

不过，一旦白细胞吞噬的细菌数量超过了自己的吞噬能力，就会被活活“撑”死。因此我们最终看到的脓液，实际上就是数不清的细菌和白细胞支离破碎的尸体。

在自然界中还生存着一种化脓性细菌。和普通的细菌不一样，这些化脓性细菌有一种特殊的本领，那就是在被白细胞吞噬时会分泌出一种特殊的毒素，这种毒素会将吞噬自己的白细胞一个一个地杀死。而随着白细胞的死亡，化脓性细菌就会在脓液中更加肆无忌惮地繁殖，这样一来，脓液中的毒素就会变得越来越多，从而形成一个恶性循环。

不仅如此，它们还会随着血液流淌到全身的各个角落。因此，如果被化脓性细菌入侵了，后果很严重，也许只是由于手指上的一个脓疱，就会造成整个手掌溃烂发臭。这也是医生有时候对病人长了脓疮的部位不得不进行截肢的原因，为的就是不让这些化脓性细菌扩散到全身。

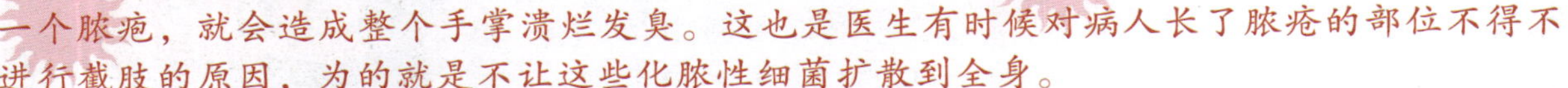

小龙崎听完龙叔叔的话，恍然大悟地说：“哦，我明白了，原来脓液的产生都是细菌引起的！”

不可不知的事

体内异物危害大

生活中，皮肤不小心被插入一根刺后，就会对周围的组织产生刺激作用，这些组织误以为是入侵的细菌，因此就会有源源不断的白细胞通过血液的流淌到达这里。当数以百万计的白细胞到达伤口的时候，就会发现，这里根本就没有可以吞噬的细菌，那可怎么办呢？于是，这些以细菌为食的白细胞就开始互相吞噬，有些甚至会对周围的组织细胞进行吞噬，从而造成组织的坏死。因此，体内如果不小心进入了异物的话，要尽快地取出来，要不然除了会造成非必要的脓液产生以外，还有可能会造成周围组织的坏死，为细菌的入侵创造条件。

2 眼角边黄黄的眼屎

早上起床以后，小龙崎站在镜子前，发现眼角边有一些黄黄的可疑物质。他连忙跑到叔叔龙博士的房间，问他："龙叔叔，您看，我眼角边长了些什么东西？"

龙叔叔说："这就是眼屎。它有时就像是沙子一样的晶体状，有时则像稠稠的糊状物，还有的时候甚至布满了上下眼皮，让你很难睁开眼睛。"

小龙崎又问："眼屎？真恶心的名字！难道眼睛也会拉屎？"

虽然"眼屎"的名字里有一个"屎"字，但实际上和屎并没有多大关系。如果给眼屎作一个物质分析报告的话，就会发现，它的主要成分是油脂，其次就是许多细小的灰尘。

人的眼皮底下有一些像小油壶的东西，叫作"睑板腺"，顺着眼边排成一行，其开口在眼睫毛附近。平时，睑板腺不断地分泌油液，随着眼皮不断地眨动，油液就均匀地抹在眼边和眼睫毛上，起到保护眼睛的作用。到了人晚上入睡之后，由于眼睛是紧闭的，睑板腺分泌出来的油液用不了，自然堆积在眼角或眼边上，再加上白天进入眼中的尘埃、泪液蒸发后留下来的沉积物，混合在一起就成了眼屎。

在正常情况下，人的眼屎分泌不多，但在眼睛有了毛病，如患结膜炎、红眼病、沙眼等，眼屎就增多了，甚至能把眼皮糊住，使人起床后睁不开眼。这是由细菌感染所导致的。眼睛受到了细菌的刺激，就会向身体发出求救信号，而收到信号的白细胞就会以最快的速度赶到这里，尽全力扑杀侵入眼睛内部的细菌。白细胞扑杀细菌的方式与我们前面所讲的

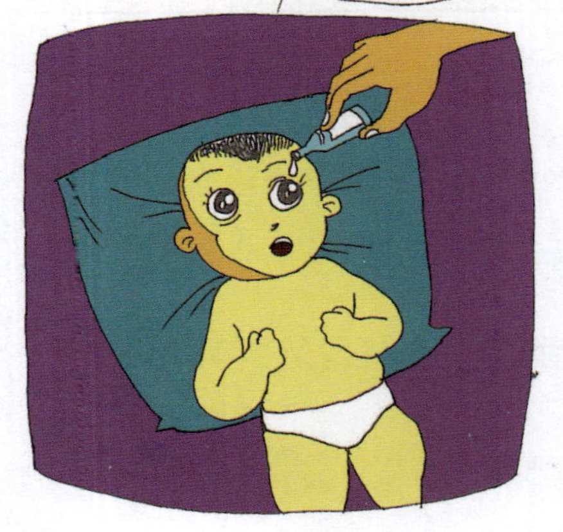

脓液的形成近似，就是张开自己的大嘴，将细菌全部吞进肚子里消化分解掉。不过，白细胞的吞噬能力虽然强大，但终究也是有极限的，一旦白细胞吞噬的细菌数量超过了自己的吞噬能力，就会被“撑”死。于是，被白细胞分解过后的细菌混合着白细胞的尸体一起就形成了脓液。这些脓液趁着我们睡觉的时候流到了眼角边上，等到其中的水分蒸发了以后，就形成了眼屎。

听完龙叔叔的话，小龙崎又问：“有眼屎正常吗？”

龙叔叔说：“生活在自然界中的我们，不可能躲避灰尘和细菌的侵袭，因此，有眼屎是十分正常的。然而，如果眼屎过多，甚至于黏稠得把整个眼睛都黏住的话，那就不正常了。尤其是小孩子，最好到医院检查一下，是不是有炎症。”

不可不知的事

眼屎传递的非健康信息

一般来说，过多的眼屎往往是眼疾的前兆。这是因为当眼睛受到细菌感染的时候，白细胞就会奋不顾身地出来杀菌，因此，由细菌和白细胞的尸体堆积而成的脓液也会变得越来越多。不仅如此，脓液在眼皮下流淌，还会感染其他正常组织。而感染扩散以后的结果，就是眼睛变得红肿不堪，甚至还会长出一个个小红包。当一个人感觉眼睛又疼又痒的时候，眼皮下的组织恐怕早已经充满了黄色的脓液。那些原本新鲜的皮肉组织也在脓液的侵蚀下，慢慢地变得腐败不堪。正因为如此，如果发现眼屎突然增多，就要及时去医院治疗，这样才能最大限度地避免病情的恶化。

3 头皮上的垃圾

这天，小龙崎和叔叔龙博士正在洗头，忽然龙叔叔问小龙崎：“你喜欢雪花吗？”

“当然喜欢了！每当雪花从天空中飘飘洒洒散落的时候，会感觉特别美好。”小龙崎开心地说。

“要是那雪花变成了一片片油腻腻的死皮肤，并散落在你的肩膀上，那又是什么感觉呢？”龙叔叔问道。

“一定是恶心死了！”小龙崎说。

“你知道吗？这些散落的‘雪花’就是影响美观的头皮屑。人们只要一谈到头皮屑就会皱起眉头，总觉得脏兮兮的。”龙叔叔说。

“这可恶的头皮屑究竟是怎么形成的呢？是头皮太干燥的原因吗？”小龙崎的好奇心又来了。

在正常情况下，头部的表皮与身体其他部位的表皮一样，每28天更新一次，新的表皮细胞由基底层产生，自然死亡的表皮细胞丧失了细胞核，在不知不觉中脱落。在某些情况下，头部的表皮细胞更新速度加快，而死亡的细胞仍有细胞核，大量的死亡细胞堆积脱落，就形成了头皮屑。头皮屑有干性和油性两种，干燥的头皮屑呈灰白色，糠秕状；油性的则厚而油腻，呈淡黄色。

从某种角度来说，每个人都有头皮屑，也叫作“头皮薄片”。动物会蜕皮，人当然也一样，只不过这个过程并不是一次性完成的。人体不停地制造出新细胞，随着老死的细胞的剥落，新的皮肤又长到表层，每天都有数以亿计的皮肤细胞飘浮到空中去。而头部的皮肤细胞不同于其他部位的皮肤细胞。由于它们被头发困住，只能老老实实地待在头发中，这时候皮脂腺一分泌油脂，雪花般的头皮屑就产生了。

只要我们活着就会不断地进行新陈代谢，这样，头皮屑就会不停地产生。这只不过是正常范围内的新陈代谢，不必忧虑，也不需要治疗。但是，如果头皮屑过多，并伴有头皮瘙痒、脱发，甚至“秃顶”，就属于病态了，医学上称为“脂溢性脱发”，应及早就医，及早用药，以控制脱发的发展。

小龙崎说：“看来头皮屑还真是麻烦！它是不是会传染呢？”

龙叔叔说：“其实，不管头皮屑多么严重，它都不会传染。不过，当我们看到有些人拼命挠头，掉一地头皮屑的时候，还是会情不自禁地避开。

“我们首先应该感谢头皮屑，正因为有了它，头发中坏死的表皮组织才没有越积越厚。其次，千万不要因为有头皮屑而洗头过勤，也不要滥用碱性强的肥皂及药物性洗发剂。干性头发可用中性洗发剂，油性头发可用硫黄香皂洗发。精神紧张、嗜酒、多吃辛辣油腻食品等，都会导致头皮屑增多，皮脂溢出。因此，头皮屑较多的人应当注重生活规律，睡眠充足，调节饮食。”

不可不知的事

天天洗头真的好吗？

其实，天天洗头并不好。因为要去除头皮屑和头上的污垢，任何洗发水都必须含有碱性成分，而这种碱性成分对头发或多或少都会有损害，所以要是天天洗头的话，遭受这种碱性成分危害的机会就更多。至于一周该洗几次头，也应视个人发质而定。夏季可以适当增加洗头次数，冬季则应适当减少洗头次数。特别是有脱发病的人，洗头次数过多会加重脱发。因此，要根据自己的情况而定，不能盲目地认为天天洗头就好。

4 耳朵里面排泄出的废物

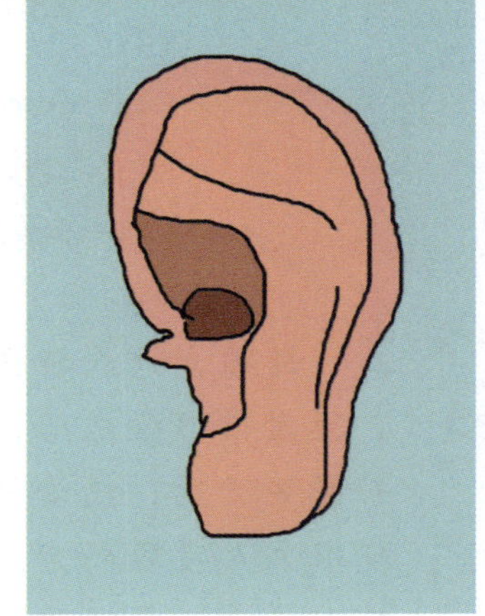

吃完晚饭，小龙崎和叔叔龙博士在沙发上看电视。忽然，小龙崎感觉耳朵里痒痒的，就拿出一根棉签塞入耳朵里面掏了掏，等到再拿出来的时候，他发现棉签上多了许多一小块儿一小块儿疏松的碎屑。于是，小龙崎问道："龙叔叔，您看这些淡黄色的碎屑，用手指捻磨的时候还会有一种蜡一样的感觉。这是什么东西？"

龙叔叔说："这就是耳朵里面排泄出的废物——耳屎。"

小龙崎说："哦，原来是废物啊，那就是可有可无的东西吧？"

龙叔叔笑着说："耳屎可不是可有可无的东西，它实际上是保护耳朵安全的重要屏障。"

有人曾将挖出来的耳屎嗅了嗅，的确有那么一点点难闻的臭味。很多人认为，既然它叫作"耳屎"，当然属于不洁之物。其实不然，耳屎乃是外耳道内皮肤上一种耵聍腺分泌出来的物质，医学上称为"耵聍"。

正常人的耵聍大多呈浅黄色片状，附在外耳道的四壁上。由于外耳道与下颌关节接近，吃东西咀嚼或张嘴说话时，耳道内的片状耵聍便会慢慢松动而不知不觉地被排出。因此，耵聍腺虽然不断地分泌耵聍，却不会越聚越多，耳道内经常保持少量的耵聍反而能保护耳朵。

有少数人耳道内的耳屎与众不同，是棕褐色的硬块，紧紧堵塞在耳道内，触之就会很痛，有碍听力，医学上称为“耵聍栓塞”。一般来说，这是由于耵聍腺分泌过盛或外耳道有些狭窄，耵聍不易排出，逐渐堆聚而成的。耵聍栓塞后会越聚越大，越久越硬，有时可致使外耳道扩大变形，压迫鼓膜，引起耳痛、耳鸣甚至眩晕。一旦耳内进水，很容易引起外耳道炎，疼痛难忍。

小龙崎问道：“龙叔叔，既然耵聍栓塞这么痛苦，自己挖出来不就行了？我觉得耳屎多了会影响听力，所以我平时喜欢挖耳朵，而且也觉得挖耳朵很舒服。这样好吗？”

龙叔叔说：“凡是耵聍栓塞的病人，千万不要自行挖耳，因为坚硬的耵聍栓塞一触即痛，往往不但挖不出来，反而事与愿违，一旦挖破耳道皮肤，便会引起继发感染。因此，遇有耵聍栓塞时，必须请医生用耵聍软化剂滴耳，待耵聍稍软后，再用特制的耵聍钩轻轻取出。”

小龙崎若有所悟地说道：“这样看来，耳屎虽然性状不一，但都具有一定的保护作用，我们不能随便挖耳屎。”

不可不知的事

并不是所有的耳屎都是湿的

耳屎的干湿程度其实与家族遗传有关。如果遗传下来的是两个湿型基因，那么，耳道的汗腺中就会分泌出湿润的耳屎；如果两个都是干型基因，耳屎就是干燥、松散的；如果继承的是一干、一湿各不相同的两个基因，耳屎就是中性的，不干不湿。其实，不管是什么类型的耳屎，都没有好坏之分。关键的问题是，这些耳屎是否会影响我们正常的身体健康。如果耳屎引起了耳疼等身体不适，就应该赶快去医院，别再管耳屎是干还是湿了。

5 黄黄的、臭臭的大便

一天，龙博士从外面回来，刚打开房门，正好看到小龙崎从厕所里出来，鼻子里还插着两个纸团。龙叔叔关切地问道："小龙崎，你怎么了？"

小龙崎拔下鼻子里的纸团，不好意思地说："没事，刚才我去大便，太臭了，就用纸团堵在鼻子里了。"

龙叔叔笑着说："说起大便，很多人一定都会用手捏住鼻子，并且露出一种非常厌恶的表情，因为它闻起来臭臭的。如果拉肚子，还可能变得像糖水一样稀，真是让人恶心啊！不过，这些从人肛门里排出来的东西，也许在昨天，还是香喷喷的米饭呢！"

小龙崎好奇地问："米饭？大便？它俩有什么联系？"

大米从嘴巴吃进去以后，经过咀嚼，由口腔分泌的大量唾液淀粉酶对其中的淀粉进行消化。然后顺着消化道一路向下，最终进入肠道。它们在体内不断前进的同时，其中的营养物质会被消化液溶解并为人体所吸收；剩下的一些不能被吸收的食物残渣，就成为大便的主要组成部分。

当然，还有从消化道上脱落的死皮组织和胃液、胆汁等消化液，也是大便的重要组成部分。这些物质来到大肠以后，水分逐渐减少，在大肠的蠕动下，与食物残渣搅拌在一起，最终形成了大便。

对于一般人来讲，大便的颜色应该都是淡黄色的，可是，如果吃下去过多的某种类型的食物，那么就有可能改变大便的颜色。这是因为食物中有些色素，肠胃既不能吸收也不能消化，最终混合在大便中排出去导致的。倘若人吃了过多的猪血或者鸭血的话，就很有可能排出黑色的大便；如果吃了过多的西瓜或者西红柿的话，就可能排出红色的大便；假使吃多了蔬菜，则会排出棕绿色的大便。

小龙崎又问："明明吃下去的是香喷喷的食物，为什么经过消化之后就变得这么臭呢？"

龙叔叔说："其实最初形成的大便是不臭的，让大便发臭的是细菌。这些细菌有的是本来就生活在肠胃里的寄生细菌，有的是随着食物被我们吞咽进来的。不管是哪种细菌，它们都有一个共同的特性——会分解大便中的一些人体来不及消化的物质。细菌在获取了自己生存所必需的能量后，排放出一种叫作'粪臭素'的物质，而这种物质就是让大便发臭的主要元凶。还有，大便在肠内积存的时间长了，会像食物在高温环境中放久了一样变馊。

"不同的饮食结构决定了大便的臭味程度。如果经常吃肉，那么大便会很容易变臭。平时可以多吃一些蔬菜，特别是粗纤维蔬菜，能够使肠道通畅，从而减少大便在肠内的堆积时间。还可以喝一些清肠茶，促进肠蠕动，使得粪便尽快排出。这样常通便，大便就不会很臭了。"

不可不知的事

像果酱一样的暗红色血便

如果你在大便的时候，突然发现排出来的是像果酱一样暗红色的血便，你会是什么反应？肯定是脸色苍白，以为自己肠胃出血，得了什么不治之症吧？不过说起来，肠胃出血是真的，但是不治之症就未必了。因为血便的发生很有可能是肠胃溃疡引起的。众所周知，在我们吃下去的食物中不可避免地含有大量细菌，一旦肠胃中出现了病变，这些细菌就会趁虚而入，大肆破坏组织器官，形成一块块如同脓疮一样的糜烂的斑块。而在这些斑块上，附着许多果冻似的黑红色脓血。当废物经过的时候，会把上面的脓血一并刮下来，经过大肠的搅拌混合，最终形成血便。

6 熏死人的臭屁

晚上回到家，龙博士发现小龙崎有些不高兴，就问他怎么了。一开始，小龙崎什么都不说，后来在龙叔叔的百般追问下，他才不好意思地说："今天上课时，老师正在兴致勃勃地讲着课，我突然'噗'的一声，放了一个屁。结果，我立即成为整个教室的焦点，真是太让人尴尬了！"

龙叔叔笑了笑说："放屁不但有声音，而且还伴有一股很难闻的臭味，谁都会觉得尴尬万分。但实际上，这是再正常不过的事情了。我们的肠子为了消化，总是不断地蠕动着，当肠道里有了多余气体的时候，就会从肛门处排出，于是就形成了屁。"

小龙崎又问："这些在肠道内淤积的气体，究竟是怎么来的呢？"

提到放屁，确实不登大雅之堂。其实，屁本是人体正常的生理现象，是无可厚非的。人体内有气，才能放屁。那么，人体内的气是从哪里来的呢？

首先我们应该想到肠内细菌的活动。一说到大肠内的细菌，人们或许立即想到大肠杆菌，实际上，大肠杆菌只是肠内的"少数民族"，肠内还有更多的细菌家族。据研究，在大肠内，特别是从大肠到直肠这一段，居住着大约 100 种 100 万亿个细菌。或许有人担心，这么多细菌在大肠内过着寄生生活，人体不就遭殃了吗？其实，这个担心是多余的。大肠内的细菌对人体不但无害，而且还有很多好处！要知道，我们吃进消化道内的食物，其中的糖类、脂肪、蛋白质等物质在细菌的作用下，就变得容易分解了。食物在分解的过程中会产生气体，这些气体集中起来，就形成了肠子里的气——屁。

另外，屁的来源还有两种情况：吞咽食物时由胃而进入肠内产生的气体；血液中的气体也会扩散到肠子里。

一般来讲，食物不同，产生屁的成分就不同，气味也不一样。屁中最多的成分是氮，占23% ~ 80%；其次是二氧化碳，占2% ~ 29%；此外，还有氯气、甲烷、氧气等。

小龙崎又问道：“那么，有的屁为什么很臭呢？”

龙叔叔说：“一般特别臭的屁，都是由于大肠内的大便太过于黏稠，导致肠道内的气体与大便在肠道的蠕动下，搅和在一起，当大便混合着气体占用肠道内太多空间的时候，肠道就会用力地挤压，将混合在大便中的气体挤压出来。可以想象，从大便中被挤压出来的气体，究竟是什么味道。这种屁一般被人们称为‘屎头屁’。也就是说，放这种臭屁的人大都有着强烈的排泄欲望。不过，在把大肠内的粪便全部排空以后，就不会再出现那么臭的屁了，这种情况经常发生在拉肚子的人身上。一般在拉肚子之前，总是能放出很臭的屁，不过排泄完了以后就没有了。

不可不知的事

每天放屁的体积

没有人喜欢放屁，更没有人喜欢在公众场合放屁，但是我们又无奈地发现，不放屁是不可能的。这是因为，一般在健康人的消化道中，大约含有超过100毫升的气体。再加上体内的细菌分解食物所产生的废气，就会使气体的总量增加一倍以上。也就是说，一个健康人每天放的屁，要超过一个可乐易拉罐的体积。而如果吃了一些红薯或者豆类，还可能使排放的废气总量增加2倍以上。

7 令人痛苦万分的便秘

早晨起来，小龙崎在厕所门口遇到了龙叔叔，发现他脸色不太好。于是，小龙崎问道："龙叔叔，您怎么了？身体不舒服吗？"

龙叔叔坐在沙发上，喝了口水说："我想大便，却无论如何也排不出来，可能有些便秘了。我觉得身体就像一个大垃圾场，许许多多废物堆积在一起，无论怎么努力也清理不出去，这样的感觉实在是太糟糕了。"

小龙崎来了兴趣，问道："为什么会便秘呢？"

在日常生活中，排便会受到很多因素的影响。因为每个人的饮食习惯、生活习惯以及精神状态都不同，所以排便习惯也不同。迄今为止，我们还很难给便秘找到一个确切的原因。不过，有一个普遍的原因，那就是摄入太多饼干、汽水和其他精细的食物。这些食物很难消化，会聚集在结肠的尾端，也就是大肠的末端，这里通常是人体排泄之前存放大便的地方。

如果粪便里没有大量的纤维或纤维性物质，粪便就会逗留在结肠里。如果粪便待在结肠里的时间太长，里面的水分被吸收，粪便就会从原先的松松软软变得又干又硬。这样，到了排大便的时候，硬硬的粪团便不容易出来，就产生了便秘。要想避免便秘，就应该多吃新鲜蔬菜、水果和麸皮，每天还应该喝大量的水。

还有一个容易导致便秘的原因是忙得没空上厕所。粪便在结肠里待得太久而变硬，等

到“大忙人们”终于有空想要排便了，大便已经不肯出来了。因此，排便要保持规律，千万不要憋着。

便秘是一件让人无可奈何的事情，即使你没得过便秘，也要千万小心。特别是吃饭不规律或者大便的时间太长，都很容易引起便秘。为了能够很正常地通便，我们应该养成良好的习惯。

听完龙叔叔的解释，小龙崎又问道：“那便秘了应该怎么办呢？”

龙叔叔说：“大多数便秘的人都相当苦恼，因此人们想出很多办法来解决这个问题。例如，药店里出售的轻泄剂，能够促进肠子的蠕动，将滞留在肠子里的那些不好消化的食物消化掉。如果用了它，大约过8个小时以后，就能够正常排便了。不过轻泄剂只是刺激了肠子，当不用它的时候，讨厌的便秘很有可能会再次找上门来！

“除了使用轻泄剂外，还有一种方法，就是将一根细管子伸到肛门里并朝直肠喷射盐水等被称为‘灌肠剂’的液体。3～5分钟以后，大便就能排出来了。这虽然看起来不太舒服，但是一点儿危险也没有。不过问题是，如果用了太多的灌肠剂，以后靠自己还是排不出来。”

小龙崎说：“看来轻泄剂和灌肠剂根本就是治标不治本的办法呀！”

龙叔叔说：“对啊！保持良好的饮食习惯和排便习惯才是最重要的。”

不可不知的事

吃不熟的香蕉会加重便秘

香蕉含有丰富的膳食纤维，其中很大一部分不会被消化和吸收，但能使粪便的容积量增大，并促进肠蠕动。同时，香蕉的含糖量超过15%，并且含有大量水溶性的植物纤维，能使粪便变软，从而更加容易排出。不过，这些作用只是熟透的香蕉才具有的，没熟透的香蕉可能会起到反作用。因为不熟的香蕉里含有较多的鞣酸，比较难溶，而且对消化道有收敛作用，会抑制胃肠液分泌和胃的蠕动，如果摄入过多，不但不能促进消化，而且还会引起便秘或加重便秘。

8 引起皮肉溃烂的脚癣

这几天学校举行运动会，回到家小龙崎觉得脚特别不舒服，他脱下鞋袜，发现上面莫名其妙地长出了许多水疱，有的甚至已经破裂，流出许多黄色的脓液。于是，他喊来叔叔龙博士，问：“龙叔叔，您看我的脚这是怎么了？”

龙叔叔看了一下小龙崎的脚，说：“这很有可能是脚癣。”

小龙崎害怕地问：“脚癣？脚癣是怎么回事？”

脚癣又名“脚气”“香港脚”，是最常见的一种传染性皮肤病。脚癣的病原体是一种真菌，常见的有红色表皮癣菌等。

潮湿或夏天温热的环境最适于真菌繁殖。不常洗脚，脚汗多，常穿胶鞋或不透气的鞋等，都会给这种病菌制造繁殖的有利条件。

脚癣根据症状可分为三类：糜烂型、脓疱型、脱屑角化型。糜烂型是在脚趾缝及脚趾面的皮肤浸软、潮湿、变白或者糜烂发红，很痒并常发出特殊的气味，甚至裂开化脓。脓疱型是在趾缝、脚底及两侧出现水疱。要是抓破水疱，就有黏性的液体流出，继发感染，化脓溃烂，还可引起淋巴管、淋巴腺的炎症。脱屑角化型为较顽固的一种，即在脚趾或足侧有轻微的脱屑，或在脚底、脚跟等处发生角质增生，由薄而厚，直至蔓延到整个脚底，到了冬天就常裂隙、出血。它除了偶尔有痒痛外，一般没有自觉症状，因此，容易为人所忽视而不治疗。

听到这里，小龙崎不禁说道：“哎呀，真是太恶心了！应该怎样预防脚癣呢？”

龙叔叔笑了笑，接着说：“公共浴池、游泳池、旅馆是最容易传染脚癣的场所，因此，这些地方特别要加强消毒工作。个人要养成每晚洗脚的习惯，洗脚或游泳以后，脚趾部要擦干。不要使用别人的鞋袜和脚布，与患者不要同盆洗脚。脚部出汗过多的人，除了每日用肥皂清洗并扑上足粉外，还可局部擦用 2% ~ 5% 的福尔马林液。日常最好穿通气舒适的或布质的鞋子。”

不可不知的事

脚癣也会长到手上和头上

患有脚癣的人洗脸、洗脚时要格外注意，因为那些脚癣真菌们可不是老实本分的家伙。也许就在洗脚的时候，真菌极有可能从脚上跑到手上。而且对于它们来说，手上的皮肤更加细嫩，扎根在此也更加容易。于是，几天以后，你就会惊讶地发现，不知道从什么时候开始，在虎口或者手指的两侧竟然长出了许多小水疱。这些小水疱成片地连在一起，像麻疹一样，让人看一眼，就会头皮发麻。其实，不仅仅是手，全身的各个部位都得引起注意，因为脚癣真菌的生命力很顽强，不管到哪里都可以生存。到了头上会引发“头皮癣”，到了身上就会引发“皮肤癣”，甚至在你最害羞的位置，还会产生“股癣”。

9 臭不可闻的脚丫子

夏天的傍晚，小龙崎兴冲冲地从外面回来，当他脱掉脚上的鞋子，想让那被封闭了一整天的脚透透气时，忽然一股像臭鸡蛋一样的气味迎面扑来。龙叔叔连忙端来一盆水，让他把脚洗一下。小龙崎边洗脚边问："龙叔叔，我的脚为什么会这么臭呢？"

众所周知，每当到了炎热的夏季或者人进行剧烈运动以后，身上总会出很多汗。而人体之所以会排汗，除了要排出体内过多的热量以外，还在某种程度上保持着新陈代谢的平衡。科学家们研究显示，汗水与尿液的组成成分有着惊人的相似，都含有大量尿素和无机盐等新陈代谢的废物。这样一来就不难理解，为什么身上出了很多汗以后，不洗澡就会很容易发臭了。

但是恐怕很少有人知道，在人体上汗腺分布最多同时也最密集的地方竟然是脚掌！在脚心，平均每一块指甲盖大小的地方，就有超过600个汗腺。我们不妨试想一下，有这么多与尿液相似的汗水都装在密不透风的鞋子和袜子里面，结果会怎么样？很显然，就和在很久没有人清洗的厕所里闻到的味儿差不多。如果你很长时间没有洗袜子和鞋子，那么汗水就会在鞋袜中越积越多，最后变得臭不可闻。

小龙崎又问："如果说汗水让脚变得臭不可闻，那我天天把脚洗得比脸还干净，脚臭却依然持续不断，这又是什么原因呢？"

龙叔叔说："在大自然中生活着许许多多的细菌，它们比灰尘还要小几百倍，用肉眼根本无法看到。细菌无处不在，只要有适宜的生长环境，就会大量繁殖。而那温暖湿润的脚掌，毫无疑问地成为了其最理想的繁殖环境。这些家伙就好像蜂巢中的蜜蜂一样密密麻麻地附着在鞋袜和脚掌上，当人还没有任何察觉的时候，它们就已经开始大口大口地吃着从脚掌上脱落的皮肤和指甲，还有汗水中的尿素等物质，然后在体内将这些物质分解，从中获得自己所需要的能量，并释放出一种带有强烈臭味的气体。因此，在袜子上闻到的那种怪怪的气味，可能就是脚掌上那亿万个细菌放的臭屁。"

不可不知的事

脚趾缝里黑乎乎的脚趾泥

当我们忙碌了一天，回到家里脱掉鞋袜后，如果仔细观察一下，就能在脚趾缝里发现一些黑乎乎的可疑东西，这个就是脚趾泥。

脚趾泥——虽然名字里有一个“泥”字，却和泥巴没有什么太大的关系；相反，它和身上的体垢是一家。脚上的汗腺特别多，每天都能排放出大量汗水和油脂，这两种东西混合在一起后，会随着脚掌的不断活动最终搅拌到一起，形成一种黏液。这也是如果脚出汗多了，脚掌会变得很黏的原因。这些黏液会把脚掌上所有脱落下来的死皮黏住，最后搅拌在一起，成为脚趾泥。除此之外，那些细菌也是产生脚趾泥的重要帮凶之一。它们以脚掌上的死皮组织为食，经过一段时间的分解和消化以后，最终形成粪便排出体外，而这些粪便与汗水和油脂的混合黏液搅拌到一块，就成为脚趾泥的一部分。

10 身上脏兮兮的污垢

这天天气很热，小龙崎和叔叔龙博士踢完球回到家。龙叔叔让小龙崎去洗澡，小龙崎欢快地进了浴室。在哗哗的水声中，龙叔叔用力在小龙崎身上搓着，搓出来一些长条状的黑泥。小龙崎问龙叔叔:“叔叔,这是什么东西？”

龙叔叔笑着说：“这是身上的泥啊！”

小龙崎问：“这是怎么来的呢？是我身体产生的吗？”

在我们的身上，有不计其数的汗腺。这些汗腺能使身体排出多余的热量，是保持身体温度稳定的重要保障。除了汗水，皮肤同时还会排出许多油脂，本来这些油脂是为了保护皮肤的，但是当油脂和汗水混合在一起的时候，就会在皮肤上形成一种黏液。这种黏液具有相当大的黏性，可以把周围的灰尘全部吸附过来，然后在皮肤不停的蠕动下，和灰尘混合在一起，形成糊糊一样的东西。当黏液中的水分渐渐蒸发掉后，剩下的就是一块块黝黑的体垢了。当然，这些体垢是十分微小的，用肉眼很难察觉，而且还经常躲藏在皮肤的褶皱处，因此我们常常感觉身上黏糊糊的，却什么也看不到。不过，如果在那些感觉黏糊糊的皮肤上洒一点水，再用手用力地搓几下，就会搓出来一团团黑糊糊的东西，这就是体垢。

听着龙叔叔的解释，小龙崎惊奇地感叹道：“真想不到，身上原来这么脏！”

龙叔叔抹着香皂说：“体垢如果不及时清洗的话，就会散发出阵阵异味。因此，养成勤洗澡的习惯是必要的。你知道吗？其实在几百年甚至几千年前的古代，人们就已经很重视洗澡了。根据历史记载，在商周的时候，诸侯要朝见天子，必须先沐浴更衣。我们现在的端午节又叫‘浴兰节’，就是要人们勤洗澡、防病害。由此，我们就可以看出古人对洗澡的重视。”

不可不知的事

肚脐的污垢不能用手挖

每个人都有脐带，胎儿要在母腹中生长发育，就必须不断地通过脐带从妈妈身上摄取营养和氧气。当婴儿呱呱坠地以后，胎盘和脐带失去了原有的作用，完成了历史使命，于是医生就把它们从婴儿身上剪下来。脐带上没有痛觉神经，婴儿也就不会感到疼。那剩下的一截过几天还会自行脱落，不过在人身上就出现了一个小小的肚脐眼。

凹陷的脐部是个阴暗的角落，非常容易积水积污，而且不易干燥，再加上温度适宜，是培养细菌的良好基地。肚脐眼并没有皮肤覆盖，所以如果护理不当，细菌很容易来到这里大肆繁殖，从而引起脐炎。因此，这里就成了一个“藏污纳垢”的好地方。但是肚脐里面的这些污垢最好别用手去挖，因为它与人的内脏相连，用手挖可能会被手上的细菌感染，对身体造成伤害。

11 嘴巴里的臭味

早晨，小龙崎和叔叔龙博士正在跑步，一个中年男子走了过来，询问去动物园怎么走。小龙崎很热心地与这个叔叔面对面交流了起来，告诉他如何换乘公交车。

回到家，小龙崎问叔叔龙博士：“龙叔叔，刚才我与那个叔叔说话的时候，突然一股很难闻的气味传了过来，而且那股气味似乎是从他的嘴巴里发出来的。”

龙叔叔说：“噢，那是口臭！”

小龙崎好奇地问道：“口臭是怎么回事呢？嘴巴里怎么会有臭味呢？”

说出来也许很多人都不相信，人体中最不干净的地方，竟然是嘴巴里面！这是因为口腔中温暖湿润，十分适宜细菌生长和繁殖。根据科学家们的粗略判断，在嘴巴里面生活着超过100亿的细菌。不过，这些细菌在白天并没有任何展示身手的机会，因为在下巴底下和两只耳朵的下面，拥有3个叫作“唾液腺”的口水制造工厂。这3个口水制造工厂每天能够制造出足以装满6个可乐易拉罐的口水，白天整个口腔一直处于这些口水的冲刷之下，所有的细菌完全没有侵入口腔的机会。

一旦到了夜里，这3个唾液腺就会随着我们的睡眠而停止工作。这个时候，由于没有口水的冲刷，那些白天不能展示身手的细菌就开始胡作非为了。它们以口腔内的食物残渣

和一些坏死的组织为食，并将其分解消化，其中一部分成为自身的能量，而剩下的就被排泄出来。如果不小心闻到了嘴巴里面的异味，很有可能就是这100亿细菌的排泄物的气味！

在许多有口臭的人的牙齿上，通常附着一层黄黄绿绿的东西，看上去像是在牙齿上长了一层苔藓，但实际上却比石头还要坚硬。这就是牙菌斑，是诱发口臭的另外一个元凶。

听到这里，小龙崎点了点头，说：“我明白了，口臭的原因就在于口腔中！”

龙叔叔说：“其实，口臭的原因不一定只存在于口腔之中。身体里的一些病变，也可以让嘴巴变得臭烘烘的，比如说最常见的鼻炎。

“在鼻腔里面，有一层好像胶水一样的黏膜，叫作‘鼻腔黏膜’，它是使人能闻到气味的重要器官。也正因为如此，鼻腔黏膜十分敏感。如果有细菌侵入这里，就会引起严重的炎症反应，也就是我们常说的鼻炎。这些细菌会在人还没有察觉的时候，不断蚕食鼻腔组织。如果给你一个进入鼻腔的机会，你就会惊讶地发现，这时鼻腔内的黏膜组织已经糜烂得不成样子了。大块大块的组织腐败不堪，血液混合着脓液淤积在腐败的伤口处，甚至都已经发黑了。这些已经坏死的组织会散发出好像死老鼠一样的恶臭，这种臭气会顺着呼吸道，一直到达口腔，最终形成口臭。”

不可不知的事

人为何有时闻不到自己的口臭？

如果你有口臭，自己并不是时刻都能够闻到，甚至有时候自己明明没有感觉，却发现周围的人已经不自觉地捂住了他们的鼻子。其实，人闻不到自己的口臭，与鼻子的嗅觉适应性是分不开的。一个人又口臭时，鼻子每天都能闻到，只不过时间一长，就适应了口臭的味道。而当我们同别人说话的时候，别人的鼻子并没有适应这种气味，所以很敏感地就闻到了。一个人不管是否能够闻到自己的口臭，都应该给自己一个清新的口气。如果有了口臭，就要尽快治疗，还自己一个健康的形象。

12 嘴巴里涌出的糊状物

有一次，小龙崎和叔叔龙博士坐船去游玩。在摇摆不定的船上，小龙崎看到一位阿姨弯着身子站在船的旁边，张着嘴巴，伴随着“呕、呕”的声音，不断地从嘴巴里涌出一团团糊状的黄白之物。

小龙崎问龙博士：“叔叔，那位阿姨怎么了？”

龙叔叔说：“那位阿姨晕船，她在呕吐。”

小龙崎问:“我看到那位阿姨满脸痛苦,呕吐一定不好受吧？”

龙博士说：“是的。刚开始可能只是嘴里微微泛酸，到了后来,一种黏黏糊糊的、稠粥似的东西,仿佛决堤的洪水一般,从喉咙里翻涌而出。这个时候,胃里的滋味同样不好受，那种感觉就好像有人拿着一根棍子在胃里搅弄，刺激得鼻涕和眼泪一起流出来。”

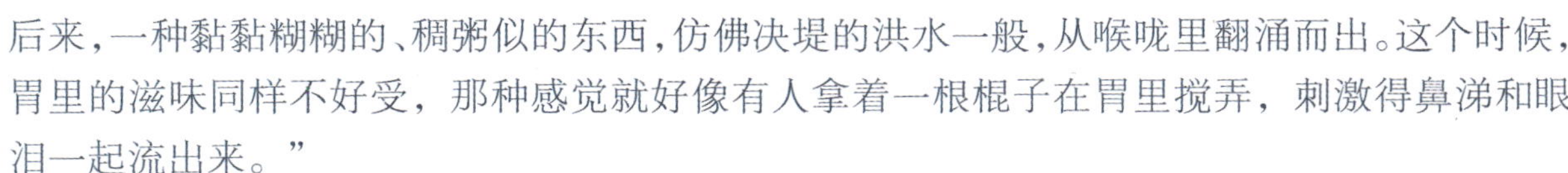

小龙崎点了点头，又问：“那呕吐究竟是怎么形成的呢？”

其实，呕吐就是被东西刺激中枢神经而引起的一种自我保护反应。人的脑后有一种名叫“延髓”的物质，是整个人体的生命中枢。如果有酒精或其他东西刺激到了食道或胃部，机体就会向延髓发出求救信号。此时，延髓为了避免刺激物继续进入肠道，就会关闭胃部连通肠道的入口，不仅如此，食道与肺部之间的通道也被延髓一同关闭。虽然这些通道都被关闭了，但是胃部的消化蠕动还在继续，其中的东西必然要寻找到一个排泄口，这个时候似乎除了与食道相连的嘴巴以外，没有第二个选择了。于是，所有刚刚吃下去的东西就排着队，浩浩荡荡地从嘴巴里涌出。

这个时候，细心的小龙崎又有了发现，就问龙博士："那位阿姨吐出来的东西都是糊状物，这是怎么回事呢？"

龙博士说："让我们顺着食物的足迹再来一次旅行吧！食物最开始进入的是口腔，那些比石头还要坚硬的牙齿如同磨盘一样，将其碾磨得粉碎，并混合着口水进行初步的消化以后，食物被输送到胃里。在这里，有超过 3500 万个胃腺不断分泌出盐酸和酸性的酶腐蚀和消化食物，将本来已经十分细碎的食物，分解成更加细碎的物质，然后与水搅拌混合在一起，再加入一种胃部为了保护自己所分泌出来的黏液。最终，这些物质一起在胃部蠕动的搅拌混合下，形成了人所吐出来的糊状物。

"呕吐完了以后，通常正常的反应都是漱口。这是因为除了那些恶心的呕吐物以外，嘴里还会阵阵泛酸，而且在酸味中间，还夹杂着一些苦涩的味道。"

听到这里，小龙崎又问："这是怎么回事呢？"

龙叔叔说："呕吐物是从胃里出来的，这一点毋庸置疑。这样一来，通过胃的搅拌，和食物混合在一起的消化液也就会被毫无疑问地带出来。而在消化液中，占比例最大的就是胃酸，这是一种拥有强大分解能力的液体，可以将人吃下去的所有食物全部分解成黏稠状物体。因此，当呕吐完毕，嘴里感觉泛酸的时候，很有可能就是舌头发出的警告信号，似乎是在说：‘懒惰的家伙，赶紧去漱漱口吧，要不然我就要和你吐出来的东西一个下场了！’

“除了胃酸以外，胆汁也是一种重要的消化液。它是由肝脏分泌，经过胆囊浓缩，带有强烈苦味的汁液。在呕吐的时候，胆汁也会一同被带出来。因此，嘴里会感觉苦苦的。”

不可不知的事

怀孕妈妈的呕吐

孕妇在妊娠期间会呕吐，这是一种正常现象。但是，孕妇为什么会呕吐呢？现在，大多数专家认为，这是因为孕妇体内产生的过多激素刺激了大脑，从而延髓下达了错误的指令，引起了呕吐。不过也有人对此提出了反对意见，认为孕妇呕吐是出于对腹中胎儿的保护。孕妇在怀孕期间，中枢神经为了防范一些微生物或病原体侵入体内，对胎儿造成危险，因而会下达把这些可能带有病原体的食物吐出去的指令，以避免危险。

13 鼻子里脓液一样的垃圾

由于最近天气忽冷忽热，小龙崎感冒了，他感觉有许多鼻涕从鼻子里面流出来。这时候，叔叔龙博士恰好来看望小龙崎。小龙崎一边用卫生纸擦拭这些鼻涕，一边对龙博士说："龙叔叔，您看这些鼻涕有时候像胶水一样清澈，有时候则像脓液一样浑浊。稍不注意，就很有可能流到嘴巴里，恶心死啦！"

龙叔叔笑着说："鼻涕就是这样的。也许你不相信，每天我们流出的鼻涕足以装满一个可乐易拉罐。这些鼻涕就像胶水一样，满载着细菌、灰尘和鼻腔内的各种废物。"

小龙崎问："如果这些东西全部流进肚子里，人不是很容易生病吗？"

龙叔叔说："这个没有必要担心。因为在胃里有许多厉害的胃酸，可以有效地将鼻涕内的细菌杀死，从而保证身体的健康。"

小龙崎问："这些鼻涕到底是怎么来的呢？"

鼻涕是由鼻腔分泌的，正常情况下为黏液性涕，覆盖在鼻腔黏膜表面，形成黏液层，与鼻窦、耳咽管、咽部和下呼吸道的黏液层连成一片，故有"鼻液毡"之称。它覆盖在黏膜表面的纤毛上面，随着纤毛运动和吞咽动作，鼻腔的"脏物"不断向下、向后移动至鼻咽部，被咽下或咳出。另外，鼻黏液中含有一种叫作"溶菌酶"的物质，具有抑制及溶解细菌的作用，构成了鼻腔的重要防线。从此种意义上讲，它不同于一般的脏鼻涕，为正常鼻腔功能所必需的。

当鼻部发生某些疾病时，鼻涕可明显增多，且其性质也有所改变。例如，变态反应性

鼻炎及感冒初期多为水样涕；长期脓性涕多为化脓性鼻窦炎；若鼻涕为豆浆样，有腥臭味，则多为牙病所引起的上颌窦炎。涕中带血可能为鼻腔、鼻窦肿瘤的特点，应该引起注意；涕中杂有豆渣样物，且有奇臭，并有鼻阻塞、头痛等症状，应首先考虑干酪性鼻炎。

小龙崎一边听着龙叔叔的解说，一边挖鼻孔，不一会儿挖出一块黄色的鼻屎，就问："龙叔叔，那鼻屎和鼻涕又有什么关系呢？"

龙叔叔说："每当提起鼻屎，人们都会觉得恶心万分。其实，鼻屎就是干了之后的鼻涕，因此它的颜色和鼻涕有很大的关系。"

不可不知的事

脏兮兮的鼻屎

在平常或感冒初期，鼻涕都呈浅浅的透明状，所以鼻屎的颜色也会稍微浅一点儿。当得鼻炎的时候，鼻涕的颜色就变成了黄色或者绿色，于是鼻屎也就会变成黄色或者绿色。当然，鼻涕干了以后的形态也会影响鼻屎的形状。完全干了的鼻涕会变成硬硬的固体；稍微干了一些的鼻涕会变得软绵绵的，像棉花糖一样；湿湿的或者水分多的鼻涕会变成黏糊糊的鼻屎。所以，人们处理鼻屎的方式也是多种多样的，有时候总是情不自禁地去挖。我们应该庆幸鼻孔里有鼻屎，因为鼻屎是鼻涕与那些企图进入人体里的有害物质进行战斗的产物。

14 透明黄色的尿液

星期天，叔叔龙博士带着小龙崎去逛动物园，走了大半天，小龙崎有些尿急，连忙找了一个厕所去方便了一下。走出厕所，小龙崎好奇地问："龙叔叔，我们每个人每天的尿有多少？"

龙叔叔说："我们每天排泄的尿液，至少能装满四个以上的可乐易拉罐。在那些看起来略微呈现淡黄色的液体中，充满了从人体内排泄出去的废物和毒素，放置一段时间以后，会变得臭不可闻。"

小龙崎的好奇心又来了，他继续问道："那这些尿液是怎么来的呢？"

在腰后两侧，有两个形状像蚕豆一样、如拳头般大小的器官——肾脏，这就是尿液的生产工厂。在每个肾脏器官内，都有一团乱麻一样杂乱无章的毛细血管。这个毛细血管团，就叫作"肾小球"。在肾小球的外面，还有一段弯弯的管子，叫"肾小管"。

对于人体来说，肾小球像是专门过滤废物的过滤网一样，将流经这里的血液中的所有废物和一部分水分截留下来，这样过滤出来的液体被称为"原尿"。不过，原尿中还可能存在一些葡萄糖和维生素等物质。因此，肾脏为了避免将有用的物质当废物排掉，就会由肾小管进行再一次吸收，将原尿中的有用物质筛选吸收出来，并转移到附近的血管中去。这样一来，剩下流到专门储存尿液的膀胱里的液体，就是需要排出去的尿液了。

小龙崎听了龙叔叔的解释，恍然大悟地说："哦，我明白了，原来尿液是这么来的！我们一般人的尿液是透明黄色的，可是，在生理课上老师说有的人还会尿血，这是怎么回事呢？"

龙叔叔说："血尿，并不是都能用肉眼看得见的。如果尿中带有少量的血细胞，用肉眼是看不出来的，但也算是血尿。一般来说，血尿的形成是由产生尿液的肾脏或者储存尿液的膀胱发生病变引起的。我们知道，在肾脏所产生的原尿中，不仅含有大量的尿素和无机盐等新陈代谢的废物，而且还含有许多诸如钙等其他有用的物质。如果肾脏发生了病变，无法回收有用的物质，它们就会和无机盐发生化学反应，形成石头似的块状物，这就是肾结石了。一旦产生了肾结石，这些石头就会像刀子一样，用锋利的棱角划破肾脏中丰富的毛细血管，鲜血好像决堤的洪水一样渗出来，融合到尿液里，形成血尿。甚至有些被过滤出来的尿液，还会进入毛细血管的伤口倒流回血管里，与血液融合在一起，让肾小球无法分辨血管中流着的是血液还是尿液。因此，如果出现了血尿的症状，那么就一定是泌尿系统出了问题而发出的警报，必须慎重地对待。"

不可不知的事

不可思议的"尿疗"

在现代的医学中，有一种骇人听闻的"尿疗法"。顾名思义，这种"尿疗法"就是让病人在医生的指导下，适当地喝下自己的尿液。现代医学认为，尿液虽然经过了肾小球的过滤和肾小管的再吸收，依然还会存在许多营养素和激素。而适当地喝一些尿，可以促进这些营养素和激素的再吸收和再利用。当然，也有另一些人提出了异议。他们认为排出来的尿液里含有的都是废物和毒素，喝下去不会对身体有任何好处。那么，谁是谁非，恐怕还要等到科技更加发达的未来才能知晓了。

15 令人尴尬的饱嗝

这天最后一节课还没有上完，小龙崎就觉得有些饿。放学后他连忙跑回家，从冰箱里拿出面包、饮料一顿猛吃。当小龙崎吃完东西之后，嘴里情不自禁地发出“嗝……嗝……”的声音。

见龙叔叔正笑眯眯地看着自己，小龙崎不好意思地问：“龙叔叔，我这是怎么了，老打嗝？”

龙叔叔放下手里的报纸，笑着说：“每当因为饥饿而狼吞虎咽地吃东西之后，就会有一股强烈的气流从嘴里迅速‘跑’出来，虽然自己想尽快捂住嘴，可还是控制不住。这就是饱嗝。”

“那人为什么会打嗝呢？如果当着陌生人打嗝，这多让人难为情呀！”小龙崎问。

在我们身边，人们一般习惯性地将打嗝视为一种不礼貌的行为。不过在世界上其他一些地方，特别是中东的贝多因人部落，饭后打嗝竟然被认为是礼貌的表现。他们认为打嗝是对厨艺的一种听得见的赞赏。其实不要责怪饱嗝，因为这不是人们能够控制的，而是人人都会有的一种生理现象。

每当吃饭的时候，除了美味的食物和清凉的饮料，还有其他东西跟它们一起进入食道。在食道底部有个横膈膜，它不是分隔胸腔和腹腔的一块膜，而是一大块肌肉。它每次平稳地收缩，肺部便吸入一口气。由于受脑部呼吸中枢的控制，横膈膜的肌肉会有规律地活动，

因此呼吸是可以完全自主运作的。

这些东西通过胃部的括约肌进入食物的大本营——胃。可是不幸的是，一些不明物质也偷偷地混了进去，这就是空气。这些空气一旦聚集在了胃里，胃就会涨得像个气球。这时候胃里的压力会增加，同时变得疲惫不堪，不得不强制把这些气体排出体外。横膈肌这时候会不由自主地收缩，空气被迅速吸进肺内，两条声带之间的裂隙骤然变窄，因而引起奇怪的声响。嗝从哪里排出呢？当然是通过食道从我们嘴里排出了。

人们吃过的东西会影响饱嗝的气味。还有一些气体会跑到肠子里去，与那里的气体结合，变成臭臭的屁排出体外。就这样，人们通过打嗝和放屁把身体里的废气全都排出体外了。

小龙崎说：“哦，原来是这样啊！可是，我发现，喝可乐或者汽水的时候格外容易打嗝。这是为什么呢？”

龙叔叔说：“因为在喝饮料的时候，吸进体内的空气和溶解在饮料中的二氧化碳混合，会迫不及待地一同排出体外。如果你喜欢吃口香糖或油腻的食物，也会经常打嗝，特别是当你饥饿万分时，一定会狼吞虎咽地吃东西，这时候更多的空气会随着食物进入体内。如果你不想因为打嗝而影响自己的形象，就尽量少吃那些容易引起打嗝的食物；实在要吃的话，也要尽可能吃得慢一些。”

不可不知的事

经常打嗝也是病

一个人一辈子都不打嗝是不可能的。普通的打嗝可能并没有什么，一旦发生经常性的打嗝现象，或者是长时间持续地打嗝，就可能是某种疾病到来的征兆。打嗝可分为嗳气和呃逆两种。嗳气的嗝声尾音较长，一般一次就打一个；而呃逆的嗝声短而促，往往会连着打好几个。不管嗳气还是呃逆，都分生理性和病理性两种，需要警惕的是病理性的。如果嗳气伴有胃灼热、反酸、胀痛、黑色的大便等，就可能是病理性的，需尽早去消化科就诊。呃逆常常突然发作，一般由内脏平滑肌痉挛引起，多为功能性异常。因此，一旦发生不正常的打嗝现象，就一定要注意了，在打嗝的背后可能隐藏着某种疾病的影子。我们平时在饮食方面要合理搭配，细嚼慢咽，及早杜绝不正常的打嗝现象。

16 沾满唾液的舌头

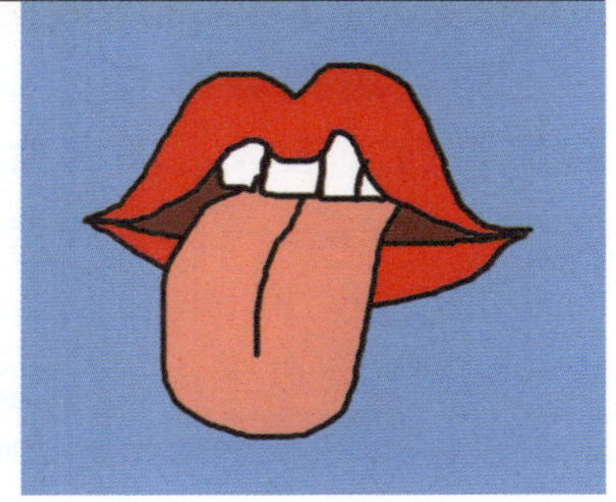

这天，小龙崎闲着没事，看到桌上有个小镜子就拿起来照了照。他看了看自己的眼睛、鼻子、耳朵，觉得都挺好看。后来，他伸出舌头来照了一下，看着有些不舒服。于是，小龙崎来到叔叔龙博士的房间，问道：“龙叔叔，舌头看起来红红软软的，总是无时无刻不沾满黏糊糊的唾液，真是有点恶心啊！”

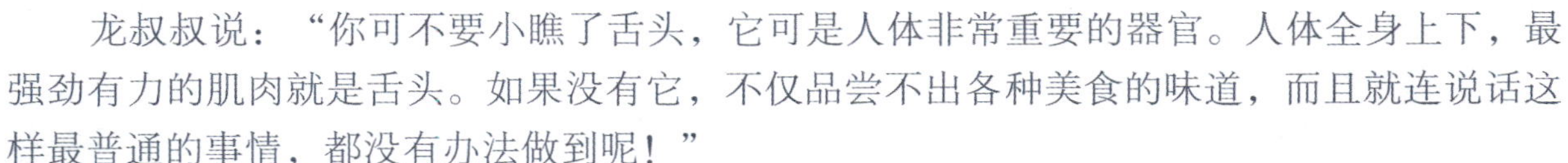

龙叔叔说：“你可不要小瞧了舌头，它可是人体非常重要的器官。人体全身上下，最强劲有力的肌肉就是舌头。如果没有它，不仅品尝不出各种美食的味道，而且就连说话这样最普通的事情，都没有办法做到呢！”

小龙崎调皮地吐了一下舌头，问道：“那舌头究竟是怎样辨别味道的呢？”

舌头主要由肌肉构成，其表面完全被黏膜覆盖，感觉很光滑。如果仔细观察，就会发现舌头上有很多深深的裂纹，还有许许多多形状不同的突起，这叫作“乳头状小突起”。这些小突起和裂纹的边缘有大量的味蕾，只不过味蕾很小，人们根本看不到它。在味蕾里面有无数味觉感受器藏在黏膜里。

在这个世界上，有几百种不同的味道，不过它们都是由酸、甜、苦、辣、咸这五种基本味道组成的。舌头的不同部位感受到的味道也是不同的：舌头边缘对咸味比较敏感；舌尖前部能够分辨出甜味和辣味；舌腹的两侧对酸味比较敏感；而舌根对苦味比较敏感。当我们咀嚼食物的时候，食物的气味分子首先会刺激口腔内的味觉感受器，然后通过一个收

集和传递信息的神经感觉系统传导到大脑的味觉中枢，最后经过大脑综合神经系统的分析，产生相应的味觉。味蕾的分布和味觉敏感度有明显的年龄差别，儿童的味蕾比成年人分布更广，味觉更灵敏；老年人的味蕾由于萎缩而相对减少，因此味觉灵敏度也相应降低。

听了龙叔叔的话，小龙崎点了点头，又问："有的人如果没有了舌头，就会变成哑巴，这到底是什么原因呢？"

龙叔叔说："随着人类的发展，舌头也得到了进化，除了吃饭的时候起'搅拌'作用外，还有一个很重要的作用，就是调节音调。柔软的舌头可以形成不同的形状，当舌头伸长或缩短的时候，口腔里就可以形成不同的空腔，这些空腔可以使我们说话的时候发出不同的音。如果没有舌头，只能发出'支支吾吾'的单音节，不能准确发声，就更不能说出平翘舌如此分明的话语了。"

不可不知的事

从舌苔可以看出人体是否健康

人的舌头表面分布着一层白色的苔状物，这就是舌苔。正常情况下，舌苔呈白色，微微泛红，它是由脱落的舌黏膜角化上皮细胞、唾液、细菌、食物碎屑以及渗出的白细胞等组成的。舌苔由胃气所生，它的颜色会根据身体情况的不同而发生变化，而中医就可以据此看出人体内脏的信息。因此，人们又称舌苔为人体健康的晴雨表。我们可以根据舌苔的变化来调节饮食。如果舌苔薄而白，这可能是感冒的早期症状，应该选择性质偏温的饮食，如蛋花汤，并且应该多吃苹果；如果舌苔看起来微黄，可能是脾胃湿热，这时候就应该多吃白萝卜、西红柿、丝瓜、绿豆等。

三、你身边的
“假干净”

1 键盘是潜在的细菌炸弹

星期天上午，小龙崎写完了作业，没事可干，就到房间里玩起了电脑。中午开饭了，小龙崎跑到餐桌前迫不及待地就要拿起一个馒头吃，龙叔叔连忙叫住他说："小龙崎，先去把手洗一下！"

小龙崎笑嘻嘻地说："我只是玩了一会儿电脑，没干别的，不用洗手了吧？"

龙叔叔把小龙崎拉到洗手盆前，边让他洗手边说："就是因为你玩了电脑，所以才让你洗手。"

小龙崎不解地说："玩电脑就洗手？难道电脑很脏吗？"

在今天这个高速发展的网络信息时代，电脑已经成为我们工作和生活的一部分，它给我们带来了便利，但同时也带来了各种隐患。就拿一个小小的键盘来说吧，有人认为，键盘像个小垃圾场。此话并不为过。许多键盘因为长久使用，沾满了汗渍、油渍，加上它那密密麻麻的构造，它的缝隙里有很多地方我们平时根本无法消毒或者清洗。

如果拆开键盘，你会惊奇地发现，在那些缝隙里，或者残存着我们吃过的快餐余粒，或者滞留了带菌者喝过的水、喷出的飞沫，还有很多灰尘、纤维、头发、汗毛等污垢。除了键盘里面肉眼可见的脏物之外，更不可忽视的是键盘表面还覆盖着无数我们肉眼看不到的各种传染病原体。可以说，一个键盘，也就是一个潜在的细菌炸弹。北京某医院曾对一

家单位的20台电脑的键盘做了一次污染情况检测，发现电脑键盘的缝隙中藏匿着饼干渣、咖啡粉、头发等杂物。医生对其进行微生物培养，结果从中分离出金黄色葡萄球菌、大肠埃希氏菌、表皮葡萄球菌等各种有害物质。

还有人通过采样分析发现，经多人使用而未作清洁处理的键盘表面的病原微生物平均每个键竟达10万个以上，型种亦是五花八门，如结核杆菌、金黄色葡萄球菌、肝炎病毒、流感病毒等等。这些病原微生物可由电脑使用者的手部汗液、唾液和键盘沉积的灰尘等介质引起疾病传播。一些长期使用电脑的人会不明不白地患上皮肤病、眼病和胃肠道疾病，可能就是由不注意电脑键盘的卫生清洁及消毒而引发的。

另外，据一项眼疾调查显示，电脑键盘还会传播红眼症病毒。如果电脑被多人使用，只要其中有一人患有红眼病，那么传染的几率就很高。尤其是夏天，是红眼病的高发期。很多人知道游泳会传染红眼病，但对键盘传染却疏忽大意。由于夏日气温较高，人的汗液分泌较多，不少人都习惯用手去拭汗揉眼，因此染上红眼病也就不足为怪了。

小龙崎听了龙叔叔的介绍，吃惊地说：“啊，原来电脑键盘这么脏呀！”

不可不知的事

电脑键盘定期“大扫除”

我们应该怎样才能使我们的键盘保持清洁，从而避免各种病症的传播呢？专家认为，不妨按照以下步骤来给电脑键盘定期“大扫除”：

将键盘取下来，在桌子上放一张纸，把键盘翻转朝下，距离桌面10～15厘米，敲打并摇晃键盘。这时，你会发现有许多脏物会从里面掉出来：除灰尘之外，还有饼干渣、饭粒、橡皮屑、汗毛等。然后，用吹风机对准键盘按键上的缝隙直吹，将附着在其中的杂物吹掉，然后再将键盘翻转朝下并敲打摇晃。也可以用电脑专用清洁剂清洗，这样做的好处就在于，其泡沫式清洗的方式不会对电脑表面造成划伤，也不会渗透进键盘内部破坏防护层，而且能彻底杀灭病毒和细菌。将键盘清洗之后，再蘸上酒精、消毒液或药用过氧化氢等进行消毒处理，最后用干净的干布将键盘表面擦干。这样，电脑键盘就光洁如新了。

2 电话上的病菌超乎想象

这天，小龙崎和龙叔叔一起出去游玩，走到半路，突然下起了雨，小龙崎忽然想起自己的运动鞋还晒在阳台上。可是龙叔叔又没带手机，怎么通知妈妈给收起来呢？这时，小龙崎发现不远处有个公共电话亭，就跑去给妈妈打了个电话。

小龙崎打完电话说：“嘿，有个公共电话真是方便啊！”

龙叔叔递过来一块湿纸巾，说：“你可不要光看到方便，就忽视了自己的健康。”

“啊？难道公共电话也会带来疾病？”小龙崎有些不相信。

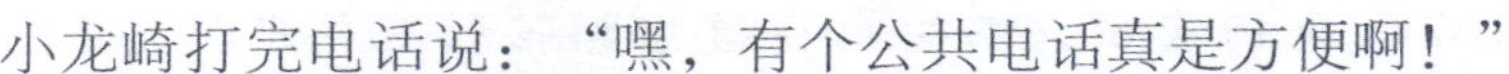

现代的社会中隐藏着许多健康“杀手”，在不经意之间影响着我们的健康和工作效率，电话就是其中之一。在公共电话亭里，几乎都有一部或多部电话，人们可以通过电话和他人沟通，有效地节省时间和费用。电话拨号键通常都被很多人的手触摸，有人习惯将嘴巴贴近话筒，或是打电话时把听筒紧靠在自己的耳朵上，这就使得电话机变成一个潜在的细菌仓库，成为传播疾病的罪魁祸首。

电话的蜂窝状组织中最容易隐藏病菌。当我们打电话时，口腔中的病菌会随着飞沫黏附在话筒表面，在话筒内的蜂窝组织中大量繁殖。无论是健康的人，还是患病或病菌携带者，他们在打电话时，都可能将口腔中潜藏的病菌溅到话筒周边，而电话听筒上2/3的细菌又都会传给下一个拿电话的人。当他们接打电话时，这些细菌就被吸入体内，引起疾病。

卫生部门调查表明，能黏附在电话上的细菌病毒超过480种。美国亚利桑那州大学的微生物专家曾在家居和办公场所展开数十项调查，经过实验室分析发现：在办公场所中，细菌最“青睐”的地方就是电话，特别是公用电话。专家认为，公用电话可以构成多种疾病的传染源。感冒、咽炎、流脑、皮肤病、眼结膜炎、肺结核等最容易在使用公用电话时被传播。美国专家还发现一种新的皮肤病——电话痤疮。这种痤疮与一般的痤疮不同，患者的脓疮只长在电话听筒紧贴脸的部位。另外，电话还是传播乙型肝炎的载体。英国某市曾对近150部公用电话进行调查，发现被乙型肝炎病毒污染的居然超过40%，比饭店未消毒的碗筷所受到的乙型肝炎病毒的污染情况更为严重。

小龙崎边用湿纸巾擦手边说：“原来电话这么‘脏’！如果我们把它们置于口鼻旁，长时间地交谈，这无疑让病菌有机可乘，破坏人们的身体健康。”

不可不知的事

打电话时要注意卫生

为了避免电话对人体造成的危害，我们平时应当注意卫生，自我预防。平时在使用电话时，不要用手捂着送话筒，不要用面颊紧贴送话筒，不要对着送话筒高声呼喊，以免大量唾液飞溅到送话筒上。接打电话时，可以用一块布或餐巾纸包住话筒讲话，话筒与嘴也最好保持10厘米左右的距离，打完电话后最好能洗洗手，不让致病菌有可乘之机。另外，打电话的时候不要吃东西，也不要对着话筒做深呼吸动作。

3 门把手是最脏的角落

这天，小龙崎到龙叔叔的办公室玩，发现办公室房间的门把手很漂亮，于是就摸来摸去地玩了起来。龙叔叔看见了，就对小龙崎说：“别玩那个门把手了，它其实很脏的。”

小龙崎不解地问：“这门把手锃光明亮，都能照出人的影子，怎么会脏呢？”

写字楼大门的把手，办公室的门把手，学校教室的门把手……这些公共场所里各式各样的门把手，每天不知道有多少人触摸。在这个使用频率颇高的门把手上，沾染着很多来自不同地方的细菌，成为传播疾病的罪魁祸首。然而，这些卫生死角往往被人忽视。有一位记者曾经进行过一项随机调查，在20位被调查者中，有6成人认为公共把手很脏，有4成人忽视了把手的卫生问题，其中3成人甚至对此并不以为然。

门把手到底有多脏？看了下面这项调查研究的数据，不以为然的人或许就会彻底改观。

韩国消费者协会曾经对经常用手接触的6种公共设施进行检测，结果发现：商场购物车把手上的细菌含量高居首位，10平方厘米就聚集了1100个单位的菌群；紧随其后的是网吧里的鼠标，平均菌群含量为690个单位；再次是公交车上的吊环把手，同样面积的细菌单位为380个；然后为公共卫生间门把手、电梯的开关按钮以及地铁的吊环把手。

病毒、细菌、寄生虫病都能够通过门把手进行传播，这些致病微生物沾染到门把手上后，在自然环境中可存活几个小时到十几个小时，在人们反复开门时沾染到手上，再通过进食等过程感染人体，导致各种疾病。据不完全统计，北京市每年感染病毒性、细菌性疾病及寄生虫病不下万例，而公共场所的扶手就是主要的传播渠道之一。

小龙崎说：“看来细菌和病毒真是无处不在，即使身边的环境打扫得‘一尘不染’，也不能与它们彻底划清界限啊！”

不可不知的事

防患于未然

要减少环境污染对身体造成的伤害，避免门把手疾病的传播，我们需要养成勤洗手的习惯，尤其是饭前便后。接触过公共扶手、坐椅和门把手后，不要乱摸身上的其他部位，最好的办法是用清水反复冲洗，然后用肥皂仔细洗手，去除病毒和细菌。改掉在公共场所揉眼、摸鼻的习惯，如果用沾有细菌的手到处乱摸，尤其是接触黏膜部位，如鼻腔和眼睛等，细菌就会乘机而入引发疾病。卫生间的门把手上常聚集有大肠杆菌等比较危险的细菌，洗过手后也不要用手直接拧卫生间的门把手，可用自带的卫生纸垫在门把手上开门或侧身推门而出。

4 吃饭垫报纸危害重重

小龙崎在龙叔叔的办公室里玩了一上午，该吃饭了，于是龙叔叔叫了两份外卖。小龙崎怕吃饭时弄脏了办公桌，就找了一份报纸铺在上面，准备在报纸上吃饭。龙叔叔看见了，连忙把铺好的报纸拿了下来，取出一个专门的用餐桌，对小龙崎说："咱们不在报纸上吃饭，那样不卫生。"

小龙崎问："报纸怎么会不卫生呢？"

有时，人们为了不弄脏桌子，喜欢在桌上垫几张报纸，尤其是那些面积大、图片多的报纸，特别"受宠"，人们可以边吃边看，既满足了食欲，又了解了很多最新动态，还能省掉擦桌子的工夫。这种吃饭的方式看似非常惬意，实际上却是在拿健康"开玩笑"，殊不知吃饭的同时也吃进了很多"毒药"。

报纸油墨含有大量有毒物质。报纸油墨中的主要污染物是金属，包括铅、铬、镉、汞等，它们都可能对人体产生一定的危害。比如，铅元素不仅会阻碍人体血细胞的形成，而且还能通过血液进入脑组织，造成脑损伤。当体内的铅积累到一定程度时，就会出现精神障碍、噩梦、失眠、头痛等慢性中毒症状。而且，报纸印刷时使用的油墨通常含有乙醇、异丙醇、甲苯、二甲苯等具有毒性的有机溶剂。虽然这些有机溶剂干燥后，绝大部分危害已经消除，但残留的部分仍然会对人体形成潜在危险。特别是报纸彩页，油墨面积大、墨层厚，有机溶剂的残留会比较多。如果长期吸入，可能影响大脑的中枢神经，对健康造成极大危害。

一般情况下，人们都会选择用翻看过的旧报纸垫桌子，这就不可避免地涉及传播病毒的问题。人手上有数以万计的细菌、病毒，而报纸使用的染料吸附性强，病毒很容易留在报纸上。翻看报纸的人越多，上面黏附的病毒就越多。如果吃饭时，手或餐具接触到报纸，都可能把细菌吃进肚子，进而引发各种疾病。

“啊，吃饭垫报纸危害这么多呀！还有其他危害吗？”小龙崎又问道。

龙叔叔看了他一眼，接着说：“危害的确不仅仅如此。在吃饭时垫报纸，容易被报纸上的内容所吸引，大脑用来记忆的部分就会非常兴奋，这时就需要充足的氧气和营养。为了应付这一情况，流向消化道的血液就要分出一部分来供应大脑，结果使流向胃肠道的血液减少，从而影响胃肠道的运动和消化功能。这一方面妨碍了食物的消化吸收；另一方面，大脑得到的血液也不足，满足不了需要，时间长了，记忆力就会减退。”

“可是，如果在教室里吃饭不垫报纸，不是很容易把桌子弄脏吗？”小龙崎又问。

龙叔叔想了一下，说：“若是在教室里就餐，不妨这样做：如果条件允许，在教室里可以准备一个专门的用餐桌，这样既方便，又卫生。如果想垫桌子，可以选择专门的厨房用纸。它干净卫生，价格也不贵，一般超市都能买到。如果条件不允许，也可以多铺几张餐巾纸。”

不可不知的事

不要用报纸包裹食品

现在人们日常生活中虽然用报纸包裹熟食的现象少了，但用报纸包裹其他食品的现象却屡见不鲜。例如，择好的韭菜用报纸包，买来的带鱼、黄瓜等也用报纸包。有些人以为反正在做熟之前还要洗，用报纸包一下没有关系。殊不知，油墨中重金属的黏附力极强，有时用清水洗是洗不掉的。因此，为了健康，我们应该从根本上杜绝油墨污染，不用报纸包任何食品，这是最有效的方法之一。

5 饮水机是细菌的温床

这天，叔叔龙博士问小龙崎："小龙崎，你们在学校都是怎么喝水呀？"

小龙崎说："我们学校有饮水机，渴了就去饮水机接水喝。"

龙叔叔皱了皱眉头，说道："最好不要经常喝饮水机里的水，那样对身体不好。"

小龙崎好奇地说："为什么呢？难道饮水机也不干净吗？"

当前，饮水机已经成为不可或缺的生活用具。它不仅为我们饮水提供了便利，而且还节省了烧水的时间。不过，饮水机并不是绝对卫生的。水处理专家研究发现：人们在桶装水喝完后，通常都是重新换上一桶，忽视了饮水机内其实还存有将近 1 升的水。如此反复，长时间不进行清洗和消毒，会使机内的储水胆大量繁殖滋生细菌、病毒，沉淀残渣，甚至滋生红虫等，严重危害人们的身体健康。

在生活中，相信不少人都曾发现饮水机座和内胆里黄迹斑斑，其实这就是细菌生长繁殖时产生的污垢。科学家采样检测发现，在室温条件下，饮水机里的水第一天菌落指数为 0，十天后，指数则飙升至 8000。都市中很多上班族肠胃经常出问题，却找不到根源，其实可能就是饮用感染细菌的水造成的。

我们在使用饮水机时可能会留意一下桶装水的卫生和品质，但绝对不会想到饮水机的

二次污染问题，这其实是一个非常普遍的卫生隐患。据抽样调查发现：大多数正在使用的饮水机中都含有严重超标的大肠杆菌、金黄色葡萄球菌、沙门氏菌、真菌、厌氧菌、绿脓杆菌等，卫生状况十分令人担忧。

大多数人都误以为，只要购买质量好的桶装水就不存在安全问题，进而忽略了对饮水机的清洗。有时，即便是清洗，也不过是随便用水一冲，不会认真地进行消毒。其实，即便是完全合格的桶装水，在饮水机上使用时，细菌依然会进入饮水机内部并在贮水箱及冷水管道内壁滋生繁殖，而大部分饮水机的贮水箱温度在30℃左右，正好是培养细菌的“温床”，大约20分钟就能繁殖一代。

有关专家指出，饮水机的细菌产生与其利用空气压力原理取水有关。取水时，等量的空气进入饮水机的内部，即使是清洁的空气，每立方米也约有4000个细菌。而室内空气由于缺乏流通，会携带高比例的一氧化碳、浮尘和其他污染物，当这样的空气进入到饮水机中后，经过一段时间的积累繁殖，其细菌的数目令人瞠目结舌，对人体健康造成严重危害更是毋庸置疑。

听了叔叔的话，小龙崎吓了一跳，说：“原来外表整洁、看似干净的饮水机，是潜伏在我们身边的一大‘健康杀手’啊！”

不可不知的事

“千滚水”的危害

我们平日喝得最多的都是饮水机加热过的“滚水”，但多数人可能并不知道，在饮水机中，水的加热是通过内置的热胆来完成的，而正是这种内胆加重了饮水机对健康的危害。饮用水在热胆内经过反复加热后，会形成“千滚水”。这种水含有重金属、砷化物等有害物质，久饮会危害胃肠健康。同时，水垢也是有毒的“添加剂”。根据国家环境检测部门出具的报告，传统饮水机内胆超过3个月不清洗，就会滋生大量细菌、残渣甚至螨虫，附着在热胆内壁上，形成“毒素”。这些物质进入人体后，会引起消化、神经、泌尿和造血系统病变。另外，饮水机热胆还是制造“硝酸盐”的工具。热胆材质多为不锈钢和铝壳，测试表明，在长时间加热下，水中含铁、铝、铵的亚硝酸盐含量会明显增加。众所周知，亚硝酸盐正是致癌的一大元凶。因此，应杜绝饮用“千滚水”。

6 藏污纳垢的地毯

小龙崎的同学家里刚铺上了地毯，邀请小龙崎去参观。回来后，小龙崎对龙叔叔说：“龙叔叔，我一走进他们家铺着地毯的卧室，就感到全身瘙痒，流鼻涕，打喷嚏。但是，当离开他们家卧室后，病症一会儿就消失了。这是为什么呢？”

龙叔叔说：“这都是地毯惹的祸。”

“地毯惹的祸？怎么会这样呢？”小龙崎有些不明白。

现在，不少人家里都铺设了地毯，有化纤的、纯毛的或棉质的。表面看来，地毯增添了豪华气息、美感和舒适感，殊不知背后正有无数的隐形杀手危害着我们的健康。虽然很多人每天都用吸尘器等工具清洁地毯，但很难做到深层清洁，因此，地毯的卫生经常不能达到基本要求，里面会有螨虫、细菌和灰尘，非常有利于疾病的传播。而且，地毯的温度和湿度更适宜细菌快速繁殖生长，从而更大地危害到我们的健康。有许多人患有所谓地毯过敏症或者鼻炎，其实都是因为长期受到地毯中细菌的骚扰。美国环境保护总署曾经由于使用的地毯不够环保，导致 60 多人生病，10 人住院治疗。

无论是化纤地毯还是纯毛地毯，都隐藏着许多致敏物质，是引发哮喘病的主要致病因素。这是因为其织品多是经纬线，较粗，空隙较大，致使地毯成为藏污纳垢、积聚尘埃的良好场所。地毯中普遍生长着一些微小的尘螨、真菌、细菌、昆虫等过敏源，它们飘散到室内空气中，污染着清洁的空气。灰尘、细屑等经过冬季室内取暖升温，便会改变原来的性质，成为一种更加有害人体的气态物质。

地毯中的螨虫主要是尘螨，它藏匿在地毯的尘埃里，加之身体很小，体长约 0.3 毫米且身体半透明，因此，人用肉眼是不容易看到的。尘螨和其排泄的粪便，可以使人发生过敏性反应。近年来，科学家经过研究证实，尘螨是一种强烈的致敏原，能够引起尘螨性哮喘、过敏性鼻炎或过敏性皮炎等疾病。如果孩子经常在地毯上玩耍、爬滚甚至睡觉，脸面口鼻朝下，就很容易将地毯上的尘螨吸到肺中，引起肺炎。

此外，地毯在生产过程中，一般都添加了一定量的阻燃剂。这类物质可在室内挥发，当达到

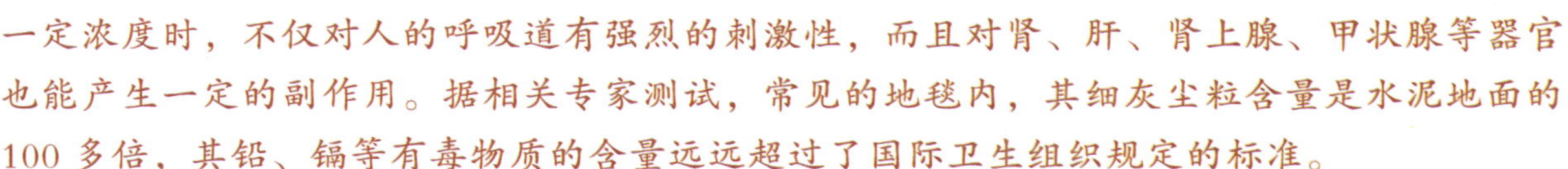

一定浓度时，不仅对人的呼吸道有强烈的刺激性，而且对肾、肝、肾上腺、甲状腺等器官也能产生一定的副作用。据相关专家测试，常见的地毯内，其细灰尘粒含量是水泥地面的 100 多倍，其铅、镉等有毒物质的含量远远超过了国际卫生组织规定的标准。

小龙崎担心地问：“那怎么办呢？”

龙叔叔说：“为了尽量减少地毯对人体健康的影响，在购买时，要尽量选择质量较优的地毯。因为质优的地毯一般都在生产过程中经过特别的加工，具有防污、防尘和耐磨损的优点。”

不可不知的事

地毯的除尘和清洗

要经常对地毯进行吸尘，每周应吸尘两三次。吸尘器的选择和吸尘方法也会影响清洁效果。配备旋转除尘刷的吸尘器，可以比较有效地指吸地毯内的尘埃。一些可以吸螨虫的强力吸尘器能对地毯进行有效的日常清洁。

除了定时吸尘外，也可以在铺设了一段时间后对地毯进行干洗清洁。应当至少1个月对地毯进行一次整体清洗，3个月进行一次深层清洗。如果平时有打翻食物或者饮料在地毯上等现象，也应该立即对此处进行局部清洗。

7 刷牙还是添病

这段日子小龙崎正在读一本书——《雷锋的故事》，他深深被雷锋叔叔的行为打动了。一天，他对叔叔龙博士说："雷锋叔叔真是太节俭了，一支牙刷用几个月，甚至一年以上，刷毛都已经弯曲、变形、脱毛了，还在用。"

龙叔叔说："其实，从健康的角度来说，这样做，与其说是刷牙，还不如说是添病。"

小龙崎不解地问："添病？怎么会这样呢？"

牙刷是清除口腔内食物残渣、清洁口腔的工具，应用恰当，还能起到按摩牙龈、促进局部血液循环、提高牙龈防病能力的作用。但是，若保管或使用不当，不注意牙刷的卫生，它又可成为口腔疾病的祸根，导致迁延性咽喉炎和多种口腔感染性疾病。

有人做过一个试验：挑选健康者与患牙周炎（或咽喉炎）的人各 10 名，取其牙刷进行化验，结果发现，在患者使用 15 ~ 35 天的牙刷上滋生着大量细菌，有类杆菌、白色念珠菌等若干类。

由上可知，牙刷使用时间过长，易被细菌污染，成为传染病的媒介，导致口腔疾病并反复感染。有的人贪图方便，刷牙后将牙刷放在浴室或旅行盒等潮湿的地方，这就为细菌繁殖提供了"产床"；残留在牙刷上的牙膏中的蔗糖和口腔中的葡萄糖及食物残渣等，则又为细菌提供了"粮草"。细菌在这一优越的条件下，只需数小时便会繁殖出无数个"子孙

后代”。当你再次刷牙时，这些细菌便通过直接吞咽或从破损的口腔黏膜处乘虚而入。

小龙崎问：“那我们应该怎么做才能避免因刷牙染上疾病呢？”

龙叔叔说：“首先，牙刷使用后，应用清水彻底冲净，甩干后，刷头朝上放入漱口杯内，放置在干燥、通风的地方。其次，需要经常对牙刷进行清洁消毒，如用过氧化氢浸泡 4 ~ 5 小时，或将牙刷浸泡于 0.1% ~ 0.5% 的过氧乙酸消毒液中。但应注意，在使用前要把牙刷上的药液彻底清洗干净。

“另外，一般人至少每季度应换一次牙刷，对于口腔有炎症、身体免疫力低下和做过器官移植手术的人，最好每月换一把新牙刷。有些人有牙龈出血的问题，除了补充维生素和采取必要的治疗措施之外，也要注意更换牙刷。感冒的人不仅要注意休息，而且还要防范自己身上的感冒病毒。这些病毒很可能留在自己的牙刷、漱口杯和洗脸的毛巾上。检验人员就曾在感冒病人的上述洗漱用品里检测到存活的感冒病毒。一般说来，感冒痊愈后应及时更换牙刷，以防感冒病毒‘卷土重来’。”

不可不知的事

牙刷诞生在铁窗里

1770年，一个名叫威廉·埃利斯的英国人因被指控犯有“煽动骚乱罪”而遭到当局的逮捕，随后他便被关入了当时在伦敦最为著名的监狱——纽道尔监狱。当时，人们都是用一块小布片蘸着牙粉或细盐来清洁牙齿的。有一天早晨，当埃利斯像往常一样用布片擦洗牙齿时，突然想到，如果用一把小刷子来刷牙，会不会比用布片更方便、更有效呢？他决定试一试。当天吃完晚餐后，他将一根肉骨头带进了自己的监房，又向一个平日对他比较友好的看守要了一把猪鬃。当晚，他将那骨头磨成一根细棍状，并在上面钻了些小孔，然后将那些猪鬃一束一束地插入小孔，扎紧后，将它修整得整整齐齐。第二天早晨，当埃利斯使用他发明的这个小玩意儿刷牙时，发现它的确比用布片舒服得多，而且牙齿也被擦洗得更干净了。就这样，世界上第一把牙刷在铁窗里诞生了。

8 钞票是最脏的纸

这天，小龙崎去商店买东西，营业员找给他一些零钱。回到家，小龙崎把这些纸币都放在桌子上，一张一张地数着。这时候，龙叔叔从外面回来了，见小龙崎正在数钱，就对他说："小龙崎，不要把纸币拿在手里数来数去的，你知道这很脏吗？"

小龙崎停了下来，问道："这些钱都很新，怎么会脏呢？"

人们在日常生活中常常要和钞票打交道，无论是健康的人还是生病的人，都同样要接触钞票。患传染病者或身体带有致病菌但尚未发病的人摸过的钞票，可能沾染上各种病毒和病菌。又如，有的人刚刚用手拿过生肉、生鱼或带有泥土的蔬菜，这时手上已经沾染了各种病菌、病毒或寄生虫卵，如果不洗手就去拿钞票，手上的致病微生物就可能沾染到钞票上；大便后不洗手就摸钞票，手上残留的细菌也会沾染到钞票上去。由此可见，钞票在流通过程中被各种病原微生物污染的机会是相当多的。据检验，1 张 1 元的钞票上可检出 170 万个病菌，面值越小的钞票由于流通机会多，上面带的病菌数也越多。钞票在使用、传递的过程中，把病菌、病毒或寄生虫卵到处传播，痢疾、肝炎、肺结核、感冒、蛔虫病等许多传染病都可能通过钞票传播。

另外，钞票属于私人贵重物，往往藏匿于隐蔽之处，如抽屉里、保险柜里、纸袋里等等，这些地方的通风条件差，不见阳光，从而使得钞票上的细菌获得快速繁殖，污染范围更大。而各国钞票为了防伪，印制多采用凹版，使钞票表面粗糙，主要图案具有浮雕式的立体感，线条精细，凸凹不平，这就使它与人的手纹一样，成为容易藏污纳垢之所。再加上它广泛采用特殊的油墨，更增强了它可能造成污染的程度。

据报道，莫斯科的一位家庭主妇于1993年12月在家中发现了具有放射性活度的卢布。事情的起因是这样的：在前苏联曾发生过轰动世界的核泄漏污染事件，即切尔诺贝利事件，令许多人深感恐惧。这位家庭主妇则是其中的一位，她经常用仪器检查家里的物品。有一次，她在对蔬菜进行检测时，顺便检查了几张钞票，结果令她惊呆了，这些钞票具有放射性。

这并不是个例。莫斯科的拉顿公司也曾发现，在用于业务往来的卢布中，有70多张带有放射性活度的钞票正在市场上流通。如果把带有这种核辐射的钱装在口袋里，衣服可能会被烧出一个洞。核辐射对人体的危害不在于灼伤，而在于使细胞变性，形成血癌或其他癌症。

“啊，这也太可怕了！”小龙崎惊讶地说。

龙叔叔接着说：“当然，这种钞票的核污染，目前公布的仅仅发生在上述卢布上面，我们接触卢布的机会较少，用不着杯弓蛇影。至于其他接触机会较多的人民币、美元、港币和日元等钞票，尚未发现类似报告，这也是大家可以放心使用的。”

不可不知的事

美元上的海洛因

在美元的1元券中，常发现另一种污染——“白粉”，也就是毒品海洛因。这是因为美国是吸毒的大国，不少吸毒者常喜欢用小面值的1元券美钞做成吸毒用的纸筒。有时吸毒者吸完毒品后，再用这些粘着毒品粉末的钞票去购物，就会传到他人手中，偏偏有人喜欢蘸口水数纸币，结果竟染上了毒瘾。钞票特别是纸币传播毒品并不鲜见，在世界上已发现多起。

因此，我们在使用钞票时，应该讲究卫生，不要用手蘸唾沫数钱；数完钞票后，一定要用肥皂、流水将手洗干净，在吃东西之前更应如此。钞票要单独放，可放在钱包或信封里，不要与其他东西放在一起，以免将其他物品污染。

9 冰箱是个细菌培养基地

放学了，小龙崎觉得有点饿，就打开冰箱，拿出一个苹果直接吃了起来。龙叔叔看见了，连忙说："小龙崎，你从冰箱里拿出的苹果怎么不洗洗就吃了？"

小龙崎边吃边说："冰箱里这么冷，里面的东西还会有病菌吗？还需要洗吗？"

现在，几乎家家户户都有冰箱，冰箱已经成为很多人生活中的必需品。冰箱一般都是作为保存食物的装置，特别是在冷藏柜里，人们经常将吃剩下的饭菜放进去，借以保藏，也有的储存蔬菜，保鲜果品，保存药物……总之，所有怕高温而易坏的东西，人们认为应当保存的，全都放进冰箱里。冰箱成了食物、饮用品的保险柜。

对于绝大多数人来说，冰箱是保存食品的好帮手，根本想不到它还有危险的一面。冰箱的正确使用，确实是一个关系到人们身体健康和生命安全的重大问题。一般来说，冰箱冷藏室的温度大多控制在0℃～5℃，也有的冰箱可调节到4℃～10℃，这种温度可以抑制大多数细菌的滋生，但不能杀灭细菌，特别是对大肠杆菌、金黄色葡萄球菌、伤寒菌等来说，恰恰是它们繁殖的最佳温度。在冰箱这个良好的"细菌培植土壤"里，它们可迅速滋生繁殖，污染环境。

一旦将食物放入受了污染的冷藏室，特别是熟食，就会遭到污染，成为细菌的寄生地，食物很快就会腐坏变质。而食物在这种低温保存下，变质后的初期外观并无明显改变，人们一般都不会注意到。有的人爱吃凉东西，从冰箱里拿出来后就直接食用，很可能引发腹泻、腹痛、恶心、呕吐等症状。

小龙崎忽然想了什么，问道："我听说商场里有一种'健康冰箱'，用这种冰箱是不是就可以避免您刚才所说的问题了？"

龙叔叔说："所谓'健康冰箱'，是指在冰箱内壁、搁架、把手上加入一些抑菌材料，这在一定程度上有抑菌作用。但是，抑菌不等于杀菌，它们与一般冰箱一样，只能抑制细菌在冰箱内生长，对食品本身的病菌则无法起到杀灭作用。不把食物彻底洗净、煮熟、煮透，一样会影响身体健康。"

不可不知的事

如何防止冰箱污染？

应定期对冰箱进行擦洗与保洁。在进行保洁时，应将冰箱里活动的构件全都取出来，用适合的消毒液洗净，对冰箱内壁同样进行保洁消毒处理。冰箱里边存放的食物不要过长，特别是剩饭剩菜，尽量不放入冰箱；如果非要放入，应加盖保存。食物存放的时间一般为：冷冻室内为1~2个月；冷藏室内以1~2天为佳。从冰箱内取出的食物一定要进行加热处理后再食用。

10 警惕“毒衣”的危害

过节了，叔叔龙博士给小龙崎买了一套衣服，非常漂亮，小龙崎很喜欢，嚷嚷着马上就要穿。

龙叔叔对小龙崎说：“这衣服刚买回来，要先洗一下才能穿。”

小龙崎问道：“刚买的衣服又不脏，洗它干什么？”

龙叔叔说：“新衣服看着不脏，其实里面很可能含有对身体有害的东西。”

小龙崎疑惑地说：“啊，新衣服怎么会含有对身体有害的东西呢？”

衣物是人们生活中必不可少的物品，随着科学技术的发展，目前，许多衣服制作得平整、免烫、免熨，成为人们的抢手货，却不知生产厂家为了使服装能达到防皱、防缩、阻燃等效果，或为了保持印花、染色的耐久性以及改善手感，都需在助剂中添加甲醛。

有关医疗专家研究表明，消费者如果穿了甲醛含量超标的服装，在穿着过程中会从面料中逐渐释放出游离甲醛，通过人的呼吸道及皮肤接触进入人体，除了会引发呼吸道和皮肤炎症外，还会对眼睛产生刺激。长期接触低剂量的甲醛，有可能引起慢性呼吸道疾病、女性月经紊乱，甚至诱发鼻咽癌。孕妇接触危害更大，可引起妊娠综合征、染色体异常和新生儿体质下降。

有些服装本身就含有某些致敏原，如羽绒服内的细小纤维就是一种过敏原。近年来，在一些地区各种羽绒制品仍行销于世。然而，这些羽毛的细小纤维与人体皮肤接触时，或者被吸入呼吸道后，就成为一种过敏性抗原，使人体细胞组织产生抗原抗体反应，释放出一定的具有生物活性的物质，导致人体毛细血管扩张，血管壁渗透性增加，身上出现红肿、皮疹、瘙痒等症状，同时伴有胸闷、气喘等呼吸系统疾患。

此外，一些合成纤维面料的化学结构缺少亲水性基因，吸湿性和透气性差，汗液不易蒸发和吸收，且具有较强的静电作用，长期反复接触此类致敏的化纤内衣，皮肤经常受到汗液以及衣服上的物理化学刺激，则很容易引起“化纤皮炎”。静电吸尘可带菌，且极易繁殖细菌；同时，静电作用可导致织物吸入大量皮屑，使皮肤发痒，引起湿疹、皮炎等疾病。

小龙崎听了龙叔叔的话，连忙脱下衣服说：“那还是洗洗吧！”

不可不知的事

避免遭受“毒衣”之害

购买衣物时，一定要到正规商家选购。为避免遭受“毒衣”之害，尽量少买或不买进行过抗皱处理、漂白的服装以及颜色过于鲜艳和易退色的服装，因为这类服装在加工过程中使用的化学物质相对较多。选购时，如果衣服有特别浓重的刺激性气味，就说明残留的有毒化学物质较多。新衣服买回来后，不能洗的宜先放在通风处晾几天再穿；能洗的最好先放在清水中浸泡几小时，再用清水充分漂洗干净，晾晒干后再穿，不要买回来就急于穿上身。穿上新购买的衣服后，应当留心观察身体有什么不适的感觉，如发现有不良反应，应脱掉衣服，或到医院检查治疗。

11 “万能抹布”传染疾病

龙崎的问题

要开饭了，小龙崎发现有个碗没有刷干净，就顺手拿起桌上的抹布擦了一下。龙叔叔看见了，对他说：“小龙崎，那是擦桌子的抹布，你怎么用它擦碗呢？”

小龙崎不以为然地说：“那有什么关系，反正都是用来擦东西的。”

龙叔叔又好气又好笑地说：“那可不一样，如果人人都像你那样乱用抹布，会得病的。”

小龙崎奇怪地问：“为什么会这样呢？”

抹布是每个家庭必备的清洁用品，打扫卫生离不开它。但是，如果使用不当，抹布就会成为家庭环境中的一大污染源。有些人养成了一种习惯，用抹布擦拭家里的各种用品、用具的时候，常常是一块抹布擦到底：擦完书柜、门窗、电视、电冰箱，再擦厨房里的灶具、碗筷，有时还用抹布擦刚洗过的瓜果梨桃。有的人还经常顺手抓过一块抹布给孩子擦手、擦鼻涕。就这样，用“万能”抹布一擦到底。有的人还有一种非常不好的习惯，就是用洗过的碗盛菜、盛饭时，会先用抹布在里面抹一抹再用。

一块抹布擦到底，这是一种不讲究卫生的陋习，易造成“污染物搬家”“交叉污染”。

尤其是抹布保管不当时，易受细菌污染；温度适宜时，又能大量繁殖病菌、病毒等病原微生物。由此，抹布成为各类疾病的传染源。

美国亚利桑那大学最新研究报告指出，细菌最爱栖身家中的五大场所依次为：厨房抹布、厨房水槽、浴室浴缸、厨房各类把手、冰箱把手。其中，厨房水槽的细菌含量是马桶座的200倍，而抹布平均每平方厘米即有6000个细菌。事实上，国内食品工业发展研究所早在1987年就进行过一项有关抹布的实验。结果显示：一条全新抹布在家庭中使用一周后，滋生细菌数高达22亿个，而且都含有大肠杆菌。

听到这里，小龙崎大吃一惊，说："那我们应该怎么办呢？"

龙叔叔说："这就需要改正一块抹布多用、一块抹布擦到底的不良习惯，抹家具和抹餐具的抹布要分开，可以用不同的布料或不同的颜色加以区别。凡接触食具的抹布，一定不要兼作其他用途。已经用过的和准备用的抹布要分开放，不要堆放，以防细菌繁殖。不要把抹布放在潮湿阴暗的角落，用完应及时晾晒，放在空气流通处。要定期蒸煮消毒，将抹布洗干净后，至少水煮5分钟以上。"

不可不知的事

家庭中如何防范细菌感染？

美国微生物协会提供了几项家庭中防范细菌感染的方法，我们或许可拿来作参考：一是多洗手，每次烹调或品尝食品前最好洗手20秒以上；二是准备多个砧板，至少要有三个砧板，将熟食、生肉及其他食物分开切，用后以稀释漂白水或清洁剂清洗；三是最好使用抗菌洗碗精及不烫手的热水清洗碗盘，并且让碗盘自然风干或烘干；四是餐桌餐餐擦，每隔几天以稀释漂白水擦拭餐桌几分钟，再以清水冲干净；五是烹调器具要清洗，如烤箱、微波炉等要依手册定时清理，而且不要把预备要煮的食物放在室温中超过两小时；六是抹布每次用过都要用清洗剂和热水洗净晾干，如变得有酸味或起毛便要丢掉换用新的。

12 使用手帕、纸巾别大意

吃完饭，小龙崎很注意卫生，掏出一块手帕擦了擦嘴。龙叔叔看见了，问他：“小龙崎，你的手帕用了多久了？”

小龙崎得意地说：“才用了不到三天，您看，多白、多干净！”

龙叔叔说：“表面看起来是很白，不过干净就不一定了。”

小龙崎奇怪地问道：“难道这么白的手帕会很脏吗？”

在人们随身携带的物品中，最常见而又最不为人所注意，但又与眼、嘴等敏感部位接触最多的是手帕。人们一般用手帕来清洁，因而赋予了它以清洁的属性，从心理上也是这样认为的。但是人们却常常忽略了一点，那就是正因为它是用来抹去污秽的，所以它实际上也是最污秽的。

几年前，某医院曾对一所中学的100名学生进行随身携带物的污染调查，发现91%的学生都带有手帕，而在这91名学生的随身携带物中，污染最严重的是手帕。应该说，在污染“排行榜”中，它名列第一位。其中一名学生的手帕，竟一连使用了17天！据检测，一块用过一天的手帕上的细菌和病毒量平均超过8000个！这是个取中间值的数字，有的比这更多，当然某些讲究卫生的人的手帕，会略少一些，但最少的也有5000个！

小龙崎惊讶地说："哎呀，手帕这么脏啊，那我以后改用纸巾总可以了吧？"

龙叔叔接着说："如今大多数人，特别是城市里的人，已经不大使用手帕了，而改用纸巾，这看来是一个进步，因为无论如何，纸巾是一次性的。然而新的问题出来了，这几乎是一个连锁式的问题：纸巾的消毒符合国家的有关标准吗？对此，几乎没有任何人能够给予令人满意的回答。

"其实，纸巾都是经过氯水漂染过的。氯是一种化学用品，有漂白作用，长期接触人体会造成一些皮肤病，有的还会导致癌症的发生。氯的漂染过程，会有一系列的污染问题产生。在漂染过程中，氯主要是用来除去原料中的深色素，以使产品变得更加洁白，但是在这个过程中会产生一种叫'二氧苞'的有毒物质。一部分二氧苞会附在产品上，如果长期接触人体，可能会引起皮肤敏感性炎症，或者为皮肤癌症埋下隐患；还会降低人体的抵抗能力，伤害肝脏等器官，严重的可能还会导致婴儿先天性缺损。"

不可不知的事

卫生纸不等于消毒纸

通过相关部门对卫生纸多个品牌样品的化验，可知许多品牌的卫生纸并没有经过消毒处理，或消毒处理得很简单，达不到质量要求，这类卫生纸上含有大量的细菌与病毒。在人们的日常生活中，有些人在饭店、饭馆吃完饭后，会用卫生纸擦嘴或面部；有时在街上买了水果，有些人用卫生纸擦一擦就吃，或到有水的地方洗洗后再用卫生纸擦干净吃。这样做，看起来是很注意卫生了，也文明多了。其实不然。这样做恰恰将卫生纸上的细菌、病毒转移到嘴或水果上面，人食用后必然受到危害。因此，无论擦嘴还是水果，都不能用普通卫生纸，而要使用经过严格消毒的卫生纸巾。水果最好用水洗干净后再吃。

四、科学界的“丑闻”

1 焦耳争名害同行

这天，小龙崎来到叔叔龙博士的房间，看到书桌上放着一份食物热量表，上面经常出现一个词——“焦耳”，小龙崎就问道：“龙叔叔，‘焦耳’是什么意思？”

龙叔叔说：“‘焦耳’是一个物理学单位，是用英国物理学家焦耳的名字来命名的。”

小龙崎说：“原来是一个人的名字，焦耳这个人真是太厉害了！”

龙叔叔说：“能量守恒与转化定律也是焦耳提出的，不过他只是发现这个定律的其中一个科学家，而不是唯一的一个。”

小龙崎的好奇心又来了，他催着龙叔叔说：“龙叔叔，您快点给我讲讲吧！”

焦耳于1818年出生在英国。他是一位终生从事科学研究的业余科学家，是能量守恒和转化定律的确立人之一。但是，焦耳的划时代的功绩在那个年代并没有引起人们应有的注意。1843年8月21日，焦耳在一次科学大会上宣读了他证实热是一种能量交换形式的论文，结果遭到许多大物理学家的怀疑。1844年，他要求在皇家学会宣读自己的论文，遭到了拒绝。1847年，他在牛津举行的英国科学促进协会上，再次要求宣读他的论文，会议主席又以会议内容太多为理由，只允许他将自己的实验作个简要说明。

有趣的是，当时有一个德国医生叫迈尔，他在自己的领域内也提出了能量守恒和转化定律。后来他花了几年时间，又将这一定律推广到了化学、天文学和生命科学上。但他的

结论同样没有引起注意。1847 年，另一位德国物理学家赫尔姆霍茨发表了《论力的守恒》一文，系统、严密地阐述了能量守恒原理，为能量守恒和转化定律的最终确立立下了汗马功劳。又过了一段时间，这一原理终于得到了公众的认同。

从上面的经历可以看出，能量守恒和转化定律得到确立所走过的道路非常不平坦，这本来应该使焦耳深深认识到科学探索的艰辛和科学真理被世人公认的不易，从而对与他一起为能量转化与守恒定律的确立奋斗过的科学同仁持感谢和互助的态度。但焦耳此时的心胸却显得十分狭窄，他在能量守恒和转化定律被人们普遍承认之后，立即向迈尔和赫尔姆霍茨发起了这一发现的优先权争论。

首先，他发表文章批评迈尔说，迈尔只是预见到了在热和功之间存在着一定的数值比例关系，并没有证明这一关系。这就是说，首先证明这一关系的是他。至于赫尔姆霍茨，他的论文出现在焦耳的实验之后，在优先权方面当然不能与其相提并论了。

焦耳发起的这场争论，否定了他与迈尔同时各自独立发现了能量守恒和转化定律的事实，在他的号召之下，人们又开始了一场对迈尔的混乱批评。

小龙崎担心地问："迈尔后来怎么样了？"

龙叔叔说："迈尔承受不住这一争论和批评带来的压力，加上有人对他的学说进行否定造成的压力和两个孩子的夭折，致使他精神高度紧张，1849 年，他竟企图从三层楼上跳下来自杀。人虽然没有死，但两腿严重骨折。1851 年，他因发疯被送进了疯人院中。虽然这不能完全归因于焦耳固执地争夺优先权所导致的，但毕竟焦耳的行为在一定程度上伤害了与他并肩战斗过的科学同行迈尔，应该受到批评。"

不可不知的事

热不是一种物质，而是一种能量形式

在焦耳生活的那个时代，人们普遍认为，热是包含在物体中的一种物质，物体的温度越高，包含的热量就越多。这种关于热的本质学说，就是“热质说”。它虽然可以解释热从温度高的物体传导到温度低的物体的现象，但是对物体摩擦所产生的热，就解释不通了。因此，许多人对“热质说”产生了怀疑。他们认为，热不是一种物质，而是能量的一种形式。焦耳就是许多怀疑者中的一个。在1840年到1848年间，焦耳做了大量实验，精确地测定出在机械功、电、热等不同能量形式之间的转化关系，并归纳出一个公式。第二年，俄国物理学家楞次也独立地发现了这个公式。因此，这个公式被命名为“焦耳—楞次定律”。焦耳在物理学方面的另一个重大贡献，是他用大量的实验证明，不管用什么方式做功，一定量的功总会转化成一定量的热。这就是后来所说的热的功当量守恒定律。

2 卡当的强盗行径

最近，小龙崎在看一本科普读物，他发现有一些定理、公式是用发现者的名字来命名的。他对叔叔龙博士说：“龙叔叔，把自己的名字与定理、公式联系起来，该是多么光荣的一件事呀！”

龙叔叔说：“是呀，这确实是个很大的荣誉。不过有的公式用科学家的名字命名，带来的却是耻辱！”

小龙崎急忙问道：“哪个公式是这种情况？为什么会这样呢？”

在现在许多数学著作中，我们还可以见到关于三次方程解法的一个重要公式——“卡当公式”。但实际上，卡当根本不是这个公式的发明者，只是由于他的强盗行径，由数学家塔尔塔里亚发现的这一伟大成果才记在了他的名下。

塔尔塔里亚是16世纪意大利一位自学成才的数学家。他原名叫尼科洛·丰塔纳，因13岁时下巴和上颚被占领他家乡布雷西亚的法国士兵用刺刀砍伤，说话不自如，人们便叫他“塔尔塔里亚（结巴）”。他本人不但没有反感，后来还以此为笔名发表文章，因此后人都称他为“塔尔塔里亚”。通过自学，塔尔塔里亚在威尼斯获得了一个数学教师的职位。经过刻苦钻研，塔尔塔里亚发现了三次方程的解法。这是一个了不起的成就。

塔尔塔里亚的朋友季罗拉莫·卡当知道这个消息后，就请求塔尔塔里亚一定要教会他三次方程的解法。卡当也是一个出色的数

学家，塔尔塔里亚开始不肯教他，但经不住卡当再三恳求，塔尔塔里亚在卡当保证在他发表著作之前绝不向外泄露之后，才把解法告诉了卡当。

但是，卡当不但不守信用，而且还居心不良。他在1545年出版的著作《伟大的方法》一书中，竟将他从塔尔塔里亚那里学来的三次方程的解法当作自己的成果发表了，解法中提出了一个“卡当公式”，轰动了整个数学界。人们在报纸杂志和学术性刊物上，甚至在专著中都对“卡当公式”推崇备至，说他在数学王冠上摘下了一颗明珠。

小龙崎又问：“后来呢？”

龙叔叔说：“塔尔塔里亚对卡当的剽窃行为十分气愤，挺身而出，向公众揭露卡当的卑鄙行径，在他的著作《种种疑问及发明》书中，对卡当提出了严厉的谴责。卡当恼羞成怒，为了保住他从塔尔塔里亚手中窃取的这一重大成果，竟收买亡命之徒残忍地暗杀了塔尔塔里亚。

“三次方程的解法就一直被称为‘卡当公式’，而塔尔塔里亚在数学史上应该享有的地位却长期被不公正地剥夺了。但天理昭昭，卡当也想不到，400多年后，这桩数学史上的悬案终于被后人秉公定论，科学史家将他手上的‘赃物’抢了回来，让它物归原主。卡当的强盗行径遂成了数学史上的一则丑闻。”

不可不知的事

“不可战胜者”塔尔塔里亚

在中世纪的意大利，盛行在街头摆数学擂台。通常是摆上一张桌子，数学斗士们向对手提交一批数量不等的难题，谁先做出正确的答案，谁就是优胜者。这种风俗培养出了一批颇具才华的数学家。塔尔塔里亚虽然出身贫寒，但他努力奋斗，最终自学成才，成为这批数学家中的佼佼者。由于他才智过人，又极为勤奋好学，因而享有“不可战胜者”的盛誉，受到许多人的仰慕。有一次，他接到了平庸的大富豪费奥里的挑战书，且得知费奥里已向一位教师要到了三次方程式的秘密解法，企图以此获胜。塔尔塔里亚看在眼里，记在心上，一种必胜的信念涌上心头。为赢得这次胜利，塔尔塔里亚从此闭门谢客，废寝忘食，苦苦琢磨。经过三天三夜的苦思，他终于找到了三次方程式的新解法。

3 被妒忌蒙住眼睛的戴维

这天，龙叔叔给小龙崎讲了一个“伯乐与千里马”的故事。听完故事，小龙崎问：“龙叔叔，现实生活中有没有这样的事情？”

龙叔叔想了一下，说：“有呀！例如，科学家戴维就是发现并培养法拉第的‘伯乐’，只不过后来戴维又利用职权，不择手段地排挤、压制法拉第。”

小龙崎歪着脑袋问：“戴维为什么要这么做呢？”

当时，戴维是世界著名的化学家，而法拉第出生于英国一个贫苦的铁匠家庭，在一家印书作坊当订书童工。1812年初秋，法拉第通过别人的帮助，一连听了戴维的四场科学讲演，受到很深的教益，激起了更高的科学探索热情。他将自己记录的笔记寄给戴维，并附了一封信表达自己对科学的热爱。戴维看出他是个人才，立即召见了他，并收他为皇家学会实验室的助手。实验室助手的新工作，对于才华横溢的法拉第是极大的鼓舞，它成了法拉第一生中最重要的转折点。从此，法拉第与印书作坊告别，开始在戴维的指导下，踏上了献身科学的道路。

戴维对法拉第有“知遇之恩”，法拉第对戴维也很尊重。起初，师生之间合作得很好。但是，当法拉第在科学研究上取得重大突破、成就超过戴维的时候，这种关系出现了危机：戴维开始嫉贤妒能，对法拉第的态度跟以前迥然不同了。

有一次，法拉第写了一篇有关气体液化新发现的论文，交给戴维看。戴维看后，对法

拉第有如此重要的发现惊讶万分，在虚荣心的驱使下，他在论文上加了一条附注，把事情说成是这个样子：该实验的思想是戴维创意的，而法拉第只是技术上的执行者而已。戴维的附注虽然与事实不符，但法拉第对此并未反对，还是把经过戴维注释的论文送到了皇家学会。然而，法拉第万万没有想到，他的行为还是冒犯了戴维。戴维为法拉第在论文中没有提到他的功劳十分生气，生怕法拉第会遮盖住他的光芒，有损他的威名。

到 1823 年，戴维压制法拉第的行为达到了顶点。这一年，法拉第由于在科学上的贡献，被提名为戴维当会长的皇家学会会员的候选人。戴维听到这个消息，立即亲自出面表示反对。而当时整个皇家学会只有两个人不同意，戴维就是其中之一。经过解释，另一位反对者转为赞成，只有戴维一人坚持己见，并利用自己的职权和威望进行干预：一方面，他命令法拉第将自己的名字抹掉，结果法拉第不干；另一方面，他又硬要那些推荐法拉第的人撤销他们的提议，那些人也不肯做。在众人的抵制下，戴维竟威胁说，如果大家不听他的意见，他就退出皇家学会。

小龙崎问：“最后结果如何？法拉第当选了吗？”

龙叔叔说：“根据大家的意见，法拉第的名字还是被正式提了上去。1824 年正式举行无记名投票选举，法拉第在只有一票反对的情况下，光荣地被接纳为皇家学会会员。这反对的一票，就是戴维的一票。这一票，也许是戴维一生中最不光彩的一页，也是他一生中最大的失误。”

不可不知的事

戴维头上的光环

作为世界著名的化学家，戴维一生发现众多。他28岁创立电化学，随后深入进行了电化学实验研究。他发现了钾、钠、钡、锶、镁、硼、钙等新元素，是近代化学史上发现化学元素最多的化学家。由于戴维科研功绩卓著，博学多识，而且具有出众的演讲才能，所以他在英国皇家学会开设的化学讲座很受欢迎，这使他在很年轻时便成了伦敦的知名人士。后来，戴维又通过实验，发现了拉瓦锡酸中必定含有氧和燃烧非有氧气不可等结论的错误，证实和丰富了道尔顿的原子论。此外，他还发明了煤矿铁丝网罩安全灯，制成了人类最早的电灯——弧光灯，开创了崭新的电光明时代。与此同时，他在矿物学、冶金学和农业化学等领域里，也取得了一系列研究成果。

4 “曙人”化石的骗局

这天，小龙崎与叔叔龙博士正在看一个关于人类起源的纪录片，小龙崎边看边问：“龙叔叔，什么是化石？”

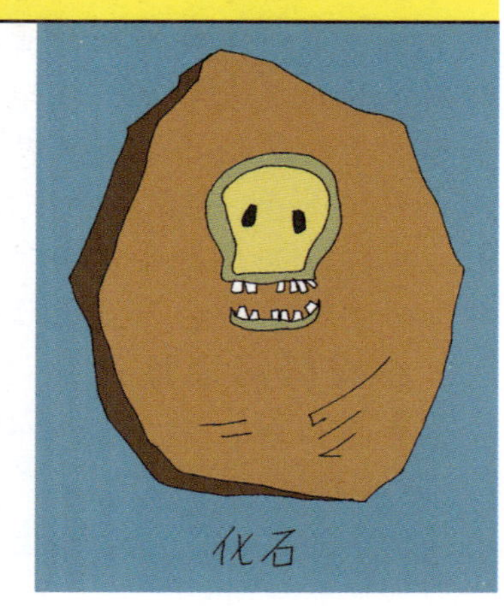

龙叔叔说：“化石是存留在岩石中的古生物遗体或遗迹，最常见的是骸骨和贝壳等，研究化石可以了解生物的演化史。”

小龙崎歪着头想了一下，问：“那化石有没有假的？”

龙叔叔停了一下，说：“确实，有些人为了达到某种目的也会造出假化石，我给你讲一个发生在一个多世纪以前的骗局吧！”

1911 年，在英国萨塞斯克郡的辟尔当采石场，工人在采石时发现了几块人类头骨的碎片，它们被一个自称爱好古人类化石的律师道森取走了。随后几天，道森又来到这个采石场，并且“找到”了一块下颌骨。于是，道森就把这几块化石送请世界著名人类学专家、大英博物馆自然部主任伍德华德和解剖学家纪斯研究。两位专家就把这几块本来不相干的材料拼凑在一起，居然凑出了一个“古人类化石”，并且取了一个响亮的名字，叫“道森曙人”。前两个字“道森”表示对发现者道森的敬意和纪念，后两个字“曙人”表示这个“古人类化石”是人类的最早祖先，仿佛一天开始时的曙光。

1912年2月18日，英国伦敦地质学会召开大会，伍德华德趁机宣布发现了“原始人化石”。这一则新闻轰动了当时的学术界，发现者道森和研究者伍德华德、纪斯也随之出了名。

就在道森等人得意洋洋、额手称庆时，“曙人”的身份受到质疑，很多人纷纷询问。其中一位名叫华特斯顿的青年医生，态度非常坚决。他凭着从事医学研究的经验，从人体解剖学的角度来观察，发现“曙人”的头骨和下颌骨并非同一种人所有，而且那个下颌是属于猿类的。动物学家米勒也证实这是黑猩猩的下颌。

铁证如山，道森有些惊慌失措。当人们要求他说清楚化石的具体来历时，道森无言以答，十分狼狈。而伍德华德为了保持自己的“权威声望”，维护道森的“荣誉”，顽固地坚持自己的意见，竭力为自己的鉴定辩护。

小龙崎着急地问：“那最后怎么样了？”

龙叔叔说：“直到1949年，英国的三位科学家——欧克莱、韦纳、克拉克才对‘道森曙人’的化石材料重新进行研究。1953年11月22日，也是在伦敦地质学会召开的时候，三人联名公布了研究报告，结果是：头骨是现代人的头型，不过是几千年前的东西。而下颌骨则是一只现代黑猩猩的颌骨，它的年龄约为10岁，是道森从一个从亚洲回英国的水兵手里买来的。伪造者还把它的牙齿锉过，使之更像人齿，并用重铬酸钾染色，然后埋入地层，冒充‘化石’。”

不可不知的事

韦纳的怀疑

韦纳是英国牛津大学的一位人类学教授。他一直认为“道森曙人”化石来源于两种不同的物种。在1953年的一次宴会上，他与大英博物馆的考古学家、“道森曙人”研究权威奥克利爵士不期而遇，并进行了一番长谈。令他震惊的是，有关“道森曙人”发现的细节竟然不可思议的含糊。实际上，根据奥克利的说法，大英博物馆中根本就不存在“道森曙人”确切发现地点的文档。这就不得不使韦纳产生怀疑：“这会不会是一场骗局呢？”于是，就有了当年伦敦地质学会的证明报告。

5 掠夺“脉冲星”的老师

夏日的夜晚，小龙崎喜欢在阳台上看星星。一次，他问龙博士：“龙叔叔，老师说我们看到的大部分星星是恒星，它们真的永恒不变吗？”

龙叔叔说：“大多数恒星的变化过程很漫长，人们根本觉察不到它的变化。然而，并不是所有的恒星，都那么平静。后来人们发现，有些恒星也很‘调皮’，变化多端。于是，就给那些调皮的恒星，起了个专门的名字，叫‘变星’。例如，脉冲星就是一种变星，它能够周期性地发射一种电波。”

小龙崎问：“这么奇妙的星星是谁先发现的呢？”

在英国剑桥大学有个射电天文学小组，休伊什教授是领导者，24 岁的乔丝琳·贝尔是休伊什的研究生。1967 年 7 月，有一台新的大型仪器投入观测使用，贝尔的工作就是处理它所得到的资料——一盘 30 多米长的纸带。三个月后，她辨认出其中有一个神秘的射电源（会发出无线电信号的天体），它总是在子夜升到天顶，这时纸带上就会记录到一些奇怪的脉冲信号。她马上把此情况报告了老师休伊什，说在狐狸座那儿有一个奇特的射电脉冲源。可谁知休伊什却不以为然，认为这是外界的干扰，叫她不必理会。

幸得贝尔小姐有主见，依然锲而不舍地追索着，并在 1967 年 11 月 28 日的记录上成

功地分辨出它的周期十分稳定而准确，为 1.337 秒。直到此时，休伊什才有所触动，当时他刚看完一本科幻小说，书上讲在宇宙深处的一个星球上居住着一种“小绿人”，它们的皮肤可以直接进行光合作用，根本不必进餐。休伊什心血来潮，以为可能这是“小绿人”的来电。

到 1968 年 1 月，贝尔已经识别出类似的射电脉冲源多达 4 个，怎么可能会有这么多的“小绿人”同时以同样的波长向我们不断“呼叫”呢？显然她发现的是一种过去人们不知道的新型天体。因为它的特征是不断向外发出射电脉冲，故暂时称之为“射电脉冲星”，简称“脉冲星”。

一个月后，当宣布发现脉冲星的文章在《自然》杂志上发表时，贝尔的名字却排在第二位，休伊什的名字列在首位。按照科学界写作的规则，文章作者的排列顺序向科学界传送了一个明确的信息：脉冲星的发现者是休伊什，其他四位都是他研究小组里的成员。

1974 年，休伊什获得了诺贝尔物理学奖，贝尔被排斥在大奖之外，这使很多天文学家不以为然，对此有不少人颇有微词。一些人更是仗义执言，如英国皇家天文学会前会长、著名天文学家霍伊尔就说：“评奖委员会没有完全弄清事情的真相”，还说这是一件“丑闻”。脉冲星专家泰勒在 1977 年出版的专著《脉冲星》的扉页上则写道：“献给乔丝琳·贝尔小姐，没有她的聪明才智和百折不挠的精神，今天我们就分享不到研究脉冲星的幸运。”

听完龙叔叔的话，小龙崎说：“公正地说，发现脉冲星是一项共同的成果。贝尔的功劳在于她第一个发现了脉冲星信号，并锲而不舍地进行追踪；休伊什的功劳在于当她的导师，并为她提供了必要的设备。但休伊什为什么要这样抢自己学生的功劳而据为己有呢？”

龙叔叔叹了口气说：“显然他也想居功自傲，在科学史上留下名字，但这一做法却以牺牲自己的人格为代价，因而一直为后人所不耻。”

不可不知的事

脉冲星的“灯塔效应”

科学家们认为，脉冲星就是高速旋转的中子星。我们大家都有这样的经验，不管是溜冰运动员还是跳华尔兹的舞蹈演员，当他们把张开的手臂收回来的时候，他们旋转的速度就会明显加快。中子星是由原来的恒星收缩变来的，而恒星都是旋转的，这样原来比较大的恒星收缩成中子星之后，它的旋转速度就会明显加快，有的甚至一秒多钟就会旋转一圈儿。这样中子星的两个磁极发出的电磁波就会像探照灯一样定期扫过地球，每扫过一次，地球就会收到一个信号，这样连续起来就形成了脉冲信号。科学家们又把这种脉冲信号叫作“灯塔效应”。

6 诺贝尔奖桂冠下的“骗局”

吃完晚饭，龙博士又要去实验室做实验了。小龙崎看龙叔叔这么辛苦，不禁说：“龙叔叔，你何必这么辛苦，有些实验数据自己填一下不就行了？”

龙叔叔坐到椅子上，说：“实验是科学研究的基础，数据可不能自己胡乱编造，否则就会像美国科学界发生的‘巴尔的摩事件’，被永远钉在耻辱柱上。”

小龙崎好奇地问道：“‘巴尔的摩事件’是怎么一回事呢？龙叔叔，您快给我讲一讲吧。”

戴维·巴尔的摩是美国著名的科学家，曾获诺贝尔奖。1986年4月，他与人合作在美国著名的学术刊物《细胞》上发表了一则长篇科学论文。其中所涉及的最关键的实验是由巴尔的摩最信任的合作者麻省理工学院的女科学家特丽萨·嘉莉做的。

论文发表后，在嘉莉实验室工作的博士后欧图勒发现，论文中提到的一些关键实验实际上根本没有做过，嘉莉编造数据，蓄意作假，那篇论文其实是嘉莉编制的科学骗局。欧图勒对这一个严重的科学造假事件提出了指控，引起了麻省理工学院临时调查委员会、国立卫生研究院和国会调

查分组委员会对此事的调查。

调查历经五年，其中曲曲折折。巴尔的摩利用自己的影响对调查进行了抵制，庇护嘉莉，坚持错误，并公开著文指责调查人员。巴尔的摩的言行造成了十分恶劣的影响，他过分地信任自己的助手，不顾事实地偏袒她，离实事求是的原则越来越远了，舆论对此议论纷纷。但是，这丝毫也没有影响他的锦绣前程。

1990年，巴尔的摩继任了洛克菲勒大学的校长。而勇于揭露事实真相、饱受打击而毫不退缩的欧图勒却受尽折磨和冷落。她不但要抵抗来自各方面的压力，而且更为不幸的是，在巴尔的摩荣耀就任时，她也被解雇了。但这一切并没有吓倒欧图勒，她继续为了科学的真理而抗争。

1990年5月，调查人员提供了大量的证据。他们认为，特里萨·嘉莉确实犯有严重的造假错误。他们披露了一个令人无法相信而又不得不信的事实：实验的日期与特里萨·嘉莉的记录日期不一致。在做实验时，特里萨·嘉莉用从他处截取日期转贴到日期记录纸带上的方法来造假，但由于她的日期字迹明显地比日期记录带上的字迹更新、更清晰而留下了把柄，被调查人员侦察出来。这一决定性的发现让特里萨·嘉莉名声扫地。

小龙崎又问："后来巴尔的摩怎么样了？"

龙叔叔说："最后真相大白，巴尔的摩这位诺贝尔奖得主也被搞得灰头土脸，不得不辞去了洛克菲勒大学的校长职务。然而，人们不禁要问：巴尔的摩是真的自始至终对特里萨·嘉莉的造假一无所知呢，还是一开始就心知肚明，逢场作戏？如果是前者，他的眼力也未免太低，有损于他过人的才智与声威；如果是后者，他居心何在？莫非他集财富、名誉、权威于一身后，挡不住更大的财富、名誉和权威的诱惑，参与造假求荣？这一点恐怕只有他本人清楚了。"

不可不知的事

光芒四射的获奖者——巴尔的摩

巴尔的摩是美国病毒学家、生物化学家，因发现病毒在肌体内的致癌机理，于1975年获诺贝尔生理学及医学奖。巴尔的摩的成就远不止于科学研究，他在教育、管理和参与制定科学政策等领域都极有建树，在关注艾滋病、基因工程可能造成的危害、干细胞研究等方面，他都是站在最前列的领导者。他的教育方式十分独特，既带有逼迫性质，又激发了学生的科学激情。他培养的很多学生也同他一样成为生物学各领域中的领导者，在他身边形成了一个强大的科学集团。

7 学者还是骗子

龙崎的问题

小龙崎刚看完一篇关于器官移植的科普文章，就对龙博士说：“龙叔叔，有了器官移植技术，那我们的身体不是哪里坏了就可以把哪里换掉吗？”

龙叔叔笑了一下，说：“理论上是这样，不过实施起来还有很多难题，如身体会排斥移植的器官。很多科学家都在研究这一领域，当中还发生过一件丑闻——斯罗恩－凯特林事件，成为后人讽刺的话柄。”

小龙崎着急地问道：“这是怎么回事？您能给我讲讲吗？”

古德是美国20世纪70年代的著名免疫学家，1973年《时代》周刊曾经用他的照片做过封面。斯罗恩－凯特林癌症研究所是一个世界闻名的实验中心，古德曾在那里担任过所长。在任所长的短短五年时间里，古德与别人合写了将近700篇科学论文，当然，这项业绩是靠他手下一大群研究人员的帮助取得的。

但就在这时，他却出乎意料地与丑闻缠在了一起。导致他陷入丑闻的，是一位他颇为看重的手下，一个叫萨默林的研究人员。

1973年3月，萨默林乘飞机去参加一个由美国癌症学会举办的科学会议，并宣读了一篇有关他工作成就的报告。

会后，萨默林对渴望得到消息的新闻记者说：“人的皮肤经过4～6周的器官培养后，移植到任何人身上都不会发生排斥反应。”不仅如此，他还吹嘘说，他曾把经过培养的人的角膜移植到兔子的眼睛里，并没有受到排斥。言外之意是，今后各种器官移植外科手术中的主要难关很快就会克服。第二天的《纽约时报》就刊登了一条消息，宣称“萨默林先生在实验室的重大发现可能帮助解决器官移植问题”。一夜之间，萨默林的研究也迅速为

全国所瞩目。

然而，尽管报纸作了报道，萨默林也作了讲演，但由于其他研究人员重复不了他的工作，因此他们对这件事越来越怀疑。而作为这项研究的学术支持人，古德尽管对这一研究了解不多，但他仍凭借他本人的威望，说服了一些免疫学家。

可笑的是，过了没多久，就连萨默林自己实验室的人做这项实验时也遇到了麻烦。到1974年3月，形势已经恶化到不可收拾的地步。古德也感到有必要让萨默林的一位同事发表一篇报告，宣布萨默林的某些实验并不正确。但是，3月底的一天凌晨，萨默林却准备紧急求见古德，目的是想说服古德不要发表那篇否定的报告，“因为成功就在眼前了”。他对导师说，一项在老鼠身上移植皮肤的新实验正在顺利进行，并且已经在两只动物身上取得了成功。一路上，他掏出一支水笔，用墨水在这两只白鼠身上涂了一些黑块块。当时古德并没有注意到萨默林做的这些手脚，他扫了一眼两只白鼠后，再次信以为真，准备撤销那份报告。但是，萨默林的马脚终于还是露出来了：当老鼠送到实验室一位助手那里时，这位助手注意到了老鼠身上的修饰，他把此事向古德作了报告。就这样，萨默林立即被撤了职，声誉也一败涂地。

不可不知的事

器官移植和人工器官

传说我国古代名医扁鹊曾经做过剖腹换心的手术，这是人类施行人工器官和器官移植的最早记录。我国古代小说《聊斋志异》有换心术的描述，西方古代故事《冷酷的心》也有用石头心替换人心的趣闻。这些都是当时人们幻想出来的，但如今已变成了事实。人们不仅可用人工器官来替换人体器官，而且可以把他人的器官移植到病人身上，就像机器换个零件那样，用健康的器官替换有病的器官。目前世界上已有数万人换上了他人的肾脏、肝脏、心脏等。科学家们还研制了人工肾脏、人工肝脏、人工心脏、人工胰脏、人工肢体以及人工细胞等，代替了部分人体器官的功能，不断地造福人类。

8 莫瓦桑难圆“钻石梦”

这天，小龙崎回到家，看到叔叔龙博士正在用一把玻璃刀划玻璃。他问：“龙叔叔，玻璃刀能切割玻璃。它怎么这么硬呢？”

龙叔叔直起腰来说：“因为玻璃刀前头有一小块金刚石。金刚石也叫“钻石”，是自然界中最硬的一种矿石。在大自然中，钻石以极少的矿藏量深埋在地底下，但却具有广泛的社会用途。”

小龙崎说：“要是有一天，钻石可以人造，该有多好啊！”

龙叔叔说：“说起人造钻石，里面还有一段不光彩的故事呢！”

1893 年，法国科学院隆重宣布了一条振奋人心的消息：法国成功地研制出了人造金刚石！这个发明人，就是法国著名的化学家——莫瓦桑。

莫瓦桑先生是一个大学教授，他曾摸索出了大量制取氟的方法，因此荣获了诺贝尔化学奖。他又在此基础上，开始了探索人造金刚石的实验。但令人遗憾的是，这些实验都没能成功。但他没有丧失信心，后来，他又设想利用高温电炉把掺有碳的铁熔化，然后突然投入冷水中。他天真地认为，铁水表面受冷而急剧收缩时会产生强大的压力，使包裹在其中的碳按照金刚石的结构排列就位，然后再用酸将铁溶解出来，如果一切顺利，那么就可能得到金刚石的小结晶体。

1893 年 2 月的一天，他把碳铁化合物溶解于酸后，得到一种奇怪的淤泥状的物质。在显微镜下观察，看到其中竟有许多微小的闪闪发光的多面体，其中一颗长度为0.7毫米。经检验，证实颗粒为金刚石。

等莫瓦桑兴高采烈地向科学院报告了这一重大成果时，由于他在氟化学研究方面获得的声誉，科学界也很相信他，没有人在当时敢提出这其中有问题，人们都真的以为人造金刚石成功了，而正在探索人造金刚石的其他科学家也放下了自己的工作。

莫瓦桑辞世后，人们期望在莫瓦桑的基础上继续前进，并将人造金刚石技术尽快转化为实用的生产技术。后来，不知有多少人多少次按照莫瓦桑的设计去做重复实验，却从来没有成功。科学家们不得不开始怀疑。在经过一番仔细调查后，人们发现了莫瓦桑实验的破绽。人们最后从莫瓦桑的遗孀那里又了解到，是莫瓦桑生前的实验助手对无休止的反复实验感到无比厌烦，又想讨莫瓦桑的欢心，就偷偷把身边的一些小金刚石颗粒混到实验材料中。而可怜的莫瓦桑，至死也不知道是受了骗，进而又以他的名义骗了世人。

小龙崎问："现在我们到底能不能制造出金刚石呢？"

龙叔叔说："现在我们已经能在实验室制造出金刚石了，但是需要高温高压。1955年，科学家使用催化剂在16000℃高温和95000个大气压下取得了人类历史上第一次人造金刚石的成功。到了1962年，不再使用催化剂，仅靠20万个大气压、5000℃的高温，就能快速地直接将黑炭变为璀璨的金刚石！随着科学技术的发展，人造金刚石的技术将进一步提升。"

不可不知的事

"起死回生"的药店学徒

1870年的一天，巴黎班特药店的门被猛地推开了，一个脸色蜡黄的中年男子跌跌撞撞地闯了进来。"救——救我吧！"来人气喘吁吁地说道："我中毒了，吃了砒霜。"年迈的药师爱莫能助，无可奈何地垂下了双手，悲切地说："没办法，你有什么话要留下吗？我们可设法转告你的家人。""等等！"在令人窒息的沉默气氛中，一个小学徒挤上来，看了看病人，转身拿了一些酒石酸锑钾和另一些药让他服下。病情缓解了，病人终于战胜了死神。这位妙手回春的药店小学徒就是后来制取"死亡元素"——氟的法国著名化学家莫瓦桑。由于他在制备元素氟时所做的大量研究工作，因此荣获诺贝尔化学奖。

9 “N 射线”留下的笑料

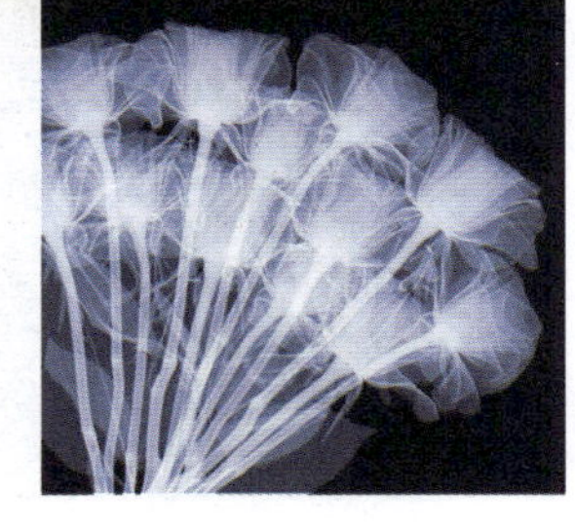

一天，小龙崎的脚受伤了，叔叔龙博士带他去医院拍 X 光片。小龙崎问：“龙叔叔，什么是 X 光？”

龙叔叔摸着小龙崎的头说：“X 光是放射性核素发出的一种射线。说起射线，以前还有科学家虚构了一种‘N 射线’，留下了笑柄。”

“虚构的？这是怎么回事呢？”小龙崎问。

布隆德诺是法国物理学家，曾以实验确定 X 射线的传播速度而闻名于世。1903 年，他发表文章，宣布“发现”了一种只有他自己才能够观察到的射线，因为他当时正在法国的南锡大学任教，所以叫“N 射线”（N 是南锡的第一个字母）。他宣称这种射线发自淬火钢材、能斯特灯（一种特殊的燃气灯），甚至人体神经和肌肉，它可以使电火花发出耀眼的亮光。

这种射线的性质非常奇怪，不但能穿透木材、纸等轻质物品，而且还能透过薄铁板、铝块一类连 X 射线都无法透过的金属材料，但却不能透过盐和水。如果真是这样，这岂不是又一重大的新发现！这种新射线也许可以在医学上找到特殊的应用价值。就这样，1903 年在世界范围内掀起了一股研究“N 射线”的热潮，许多物理学家投入这项研究之中，此外，还有医生和生理学家，不少人证实确有这种射线。法国科学院还给布隆德诺颁奖，为此竟引起了一场发明权之争。

可是，这只有在法国境内才得到证实，法国之外没有人能够重复布隆德诺的试验，很多人表示怀疑。美国实验物理学天才伍德就是其中之一，他决定到法国去看个究竟。伍德在许多技术方面都有过杰出的贡献，而且生性幽默，好恶作剧，爱捉弄人。

布隆德诺热烈地欢迎了伍德。在首轮实验完成后，伍德立即觉察出了实验的不妥，他

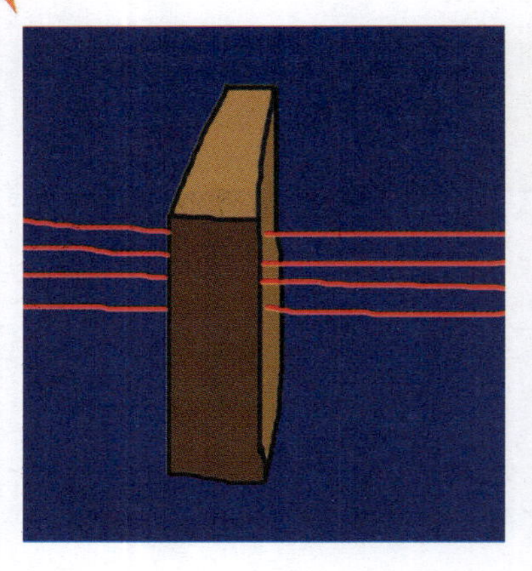

们居然是通过肉眼观察亮度的变化来判别“N射线”存在与否的。布隆德诺实验的基本步骤是这样的，首先用一个棱镜将他们认为存在的“N射线”汇聚起来，然后让该射线通过两个尖端放电体的间隙。如果存在该射线，那么当它通过正在产生电火花的间隙时，就会使电火花的亮度增加；如果不存在该射线或者该射线被阻挡时，电火花的亮度就会减弱。布隆德诺宣称，实验者只要遮挡住“N射线”，凭肉眼观察，就可以看到电火花的亮度减弱。然而，伍德无论如何也看不到电火花的强弱变化。

伍德终于想出了一个法子来捉弄这些虔诚的实验者。他让观察者只注意电火花的亮度变化，而他自己则用手无规则地插入“N射线”源的来向，最后让观察者说出电火花的亮度变化。实验者没有一次说出正确的答案，即使伍德的手没有插入，观察者也发现了亮度变化。显然，这里面有假。

小龙崎又问：“布隆德诺后来怎么样了？”

龙叔叔说：“后来，法国科学院让布隆德诺公开答辩，他不敢应试，躲到乡下去了。堂堂一位著名的科学家从此隐居，不再露面。”

不可不知的事

X射线和“射线热”

1895年，德国物理学家威廉·康拉·伦琴发现了X射线，轰动了全世界。这种新光线是人眼看不见的，但它能对照相底片起作用，即使在漆黑的地方，也能照相。如果在光线经过的地方放上一个涂有特种化学物质的玻璃屏，它就会发出磷光来。新光线还能够自由地穿过各种物体，像普通光线穿过玻璃那样。新光线能够透过紧闭的门、没缝的墙壁以及衣服和人体。许多不同国籍的科学家知道了这种射线后，忙着做实验，报告它的性质和新发现，于是，“Z射线”“黑射线”的消息纷至沓来。“射线热”一时弥漫欧美的科学实验室。

主要参考书目

李媛主编：《物竞天择：生物世界的神秘传奇》，金城出版社 2010 年版。

[英] 尼克·阿诺德著，[英] 托尼·德·索雷斯插图，沈可宜译：《可怕的科学·经典科学系列：肚子里的恶心事儿》，北京少年儿童出版社 2010 年版。

[英] 尼克·阿诺德著，[英] 托尼·德·索雷斯插图，孙文鑫译：《可怕的科学·经典科学系列：丑陋的虫子》，北京少年儿童出版社 2010 年版。

[英] 尼克·阿诺德著，[英] 托尼·德·索雷斯插图，庐平译：《可怕的科学·经典科学系列：绝密身体报告》，北京少年儿童出版社 2010 年版。

于秉正主编：《可怕的人体》，中国和平出版社 2011 年版。

邓琼芳：《养生是很简单的事》，北京工业大学出版社 2010 年版。

张尚国：《健康枕边书：达人养生 340 例》，北京工业大学出版社 2010 年版。

邓琼芳：《不要让工作谋杀你的健康》，北京工业大学出版社 2010 年版。

王玉玲主编：《细节决定健康：日常养生保健细节》，青岛出版社 2008 年版。

梁国钊：《失败的科学》，广西科学技术出版社 1990 年版。

卢天贶等：《沽名钓誉：鲜为人知的科学丑闻》，湖南科技出版社 1999 年版。

李亚东编：《珍贵的启示：科学家失误谈》，广东科技出版社 1991 年版。

李津编译：《谎言与真相：人类文明惊天骗局与悬疑全破译》，企业管理出版社 2003 年版。